D1690063

Spühler / Vock

Gerichtsstandsgesetz (GestG)

Gerichtsstandsgesetz (GestG)

Gesetzesausgabe mit Anmerkungen

von

Prof. Dr. Karl Spühler

Professor an der Universität Zürich

Dr. iur. Dominik Vock

Rechtsanwalt,
Lehrbeauftragter an der Universität Zürich

Schulthess § Zürich 2000

Zitiervorschlag: Spühler / Vock, GestG

© Schulthess Juristische Medien AG, Zürich 2000
ISBN 3 7255 4103 5

Vorwort

Am 1. Januar 2001 wird voraussichtlich das Bundesgesetz über den Gerichtsstand in Zivilsachen (Gerichtsstandsgesetz, GestG) in Kraft treten. Es wurde von beiden eidgenössischen Räten am 24. März 2000 einstimmig verabschiedet. Ausgangspunkt für ein eidgenössisches Gerichtsstandsrecht bildeten private Initiativen und Vorarbeiten des Schweizerischen Anwaltsverbandes. Diese Bestrebungen wurden von der Bundesverwaltung und später vom Bundesrat weitergeführt und zu einem angesichts der Umstände raschen und erfolgreichen Abschluss gebracht.

Die dreisprachige Textausgabe in Form eines Kurzkommentars mit systematischer Einführung soll Gerichten, Anwälten und Studenten einen Einstieg in das neue Gerichtsstandsrecht erleichtern. Bezüglich des Anwendungsbereiches des neuen Gesetzes werden zahlreiche Fragen, vor allem unter Berücksichtigung der zürcherischen Rechtsprechung, aufgeworfen und gelöst. Entsprechendes gilt aber auch für viele der einzelnen Gerichtsstandsbestimmungen und für die neuen Regeln über Gerichtsstandsvereinbarungen. Sodann werden auch die erheblichen Auswirkungen des neuen Gerichtsstandsrechts auf die kantonalen und eidgenössischen Rechtsmittel aufgezeigt.

Wir danken lic. iur. Claudia Meyer, Rechtsanwältin, herzlich für die fachliche Mithilfe bei der Fertigstellung des Werkes und die Erstellung des Sachregisters. Für die wertvollen Hinweise und Auskünfte danken wir Fürsprecher Dominik Gasser vom Bundesamt für Justiz sowie Rechtsanwalt lic. iur. Peter Reetz. Dank gebührt auch den Herren Werner Stocker und Bénon Eugster für die wie immer hervorragende Betreuung seitens des Verlages.

Zürich, im Juni 2000
Karl Spühler
Dominik Vock

Inhaltsverzeichnis

Abkürzungsverzeichnis IX

A. Einleitung

   1. Sinn und Zweck des Gerichtsstandsgesetzes   1

   2. Entstehungsgeschichte des Gerichtsstandsgesetzes   2

   3. Überblick über die Bestimmungen des Gerichtsstandsgesetzes   3
      a) Allgemeine Gerichtsstandsvorschriften   4
      b) Besondere Gerichtsstandsvorschriften   6
      c) Vorsorgliche Massnahmen   11
      d) Zuständigkeit als Prozessvoraussetzung   11
      e) Mehrere Klagen   11
      f) Anerkennung und Vollstreckung   12
      g) Schlussbestimmungen   13

B. Bestimmungen des Gerichtsstandsgesetzes

		Artikel	*Seite*
1. Kapitel:	**Gegenstand und Geltungsbereich**	1	14
2. Kapitel:	**Allgemeine Gerichtsstandsvorschriften**	2–11	19
3. Kapitel:	**Besondere Gerichtsstände**		
1. Abschnitt:	Personenrecht	12–14	42
2. Abschnitt:	Familienrecht	15–17	45
3. Abschnitt:	Erbrecht	18	52
4. Abschnitt:	Sachenrecht	19–20	55
5. Abschnitt:	Klagen aus besonderen Verträgen	21–24	60
6. Abschnitt:	Klagen aus unerlaubter Handlung	25–28	70
7. Abschnitt:	Handelsrecht	29–32	76

		Artikel	*Seite*
4. Kapitel:	**Vorsorgliche Massnahmen**	33	83
5. Kapitel:	**Prüfung der örtlichen Zuständigkeit**	34	85
6. Kapitel:	**Identische und in Zusammenhang stehende Verfahren**	35–36	87
7. Kapitel:	**Anerkennung und Vollstreckung**	37	93
8. Kapitel:	**Schlussbestimmungen**	38–40	95

Änderung von Bundesgesetzen 98
Modification du droit en vigueur 105
Diritto vigente: abrogazione e modifica 113

Sachregister 121

Abkürzungsverzeichnis

A.	Auflage
a.a.O.	am angeführten Ort
Abs.	Absatz
AFG	Bundesgesetz über die Anlagefonds (Anlagefondsgesetz) vom 18. März 1994 (SR 951.31)
AG	Aktiengesellschaft
Amtl. Bull.	Amtliches stenographisches Bulletin der Bundesversammlung (NR: Nationalrat; StR: Ständerat)
Art.	Artikel
BBl	Bundesblatt
BGBB	Bundesgesetz über das bäuerliche Bodenrecht vom 4. Oktober 1991 (SR 211.412.11)
Bd.	Band
BE	Kanton Bern
BG	Bundesgesetz
BGE	Entscheidungen des schweizerischen Bundesgerichts; Amtliche Sammlung, Lausanne 1875 ff.
BV	Bundesverfassung der Schweizerischen Eidgenossenschaft vom 18. April 1999 (SR 101)
bzw.	beziehungsweise
CHF	Schweizer Franken
d.h.	das heisst
DSG	Bundesgesetz über den Datenschutz vom 19. Juni 1992 (SR 235.1)
E.	Erwägung
EMRK	Konvention zum Schutze der Menschenrechte und Grundfreiheiten vom 4. November 1950 (SR 0.101)
EuGH	Gerichtshof der Europäischen Gemeinschaften
evtl.	eventuell
f.	und folgende Seite/Note/Artikel

ff.	und folgende Seiten/Noten/Artikel
Fn	Fussnote
GBV	Verordnung betreffend das Grundbuch vom 22. Februar 1910 (SR 211.432.1)
GE	Kanton Genf
GmbH	Gesellschaft mit beschränkter Haftung
GV	Generalversammlung
GVG	Gerichtsverfassungsgesetz des Kantons Zürich vom 13. Juni 1976 (LS 211.1)
Hg.	Herausgeber
h.L.	herrschende Lehre
i.e.S.	im engeren Sinne
IPRG	BG über das Internationale Privatrecht vom 18. Dezember 1987 (SR 291)
i.S.v.	im Sinne von
i.V.m.	in Verbindung mit
i.w.S.	im weiteren Sinn
KSG	Konkordat über die Schiedsgerichtsbarkeit vom 27. März 1969 (SR 279)
lit.	litera
LS	Zürcher Gesetzessammlung, Zürcher Loseblattsammlung
LugÜ	Übereinkommen über die gerichtliche Zuständigkeit und die Vollstreckung gerichtlicher Entscheidungen in Zivil- und Handelssachen vom 16. September 1988 (SR 0.275.11)
N	Note
Nr.	Nummer
NZZ	Neue Zürcher Zeitung
OG	BG über die Organisation der Bundesrechtspflege vom 16. Dezember 1943 (SR 173.110)
OHG	Bundesgesetz über die Hilfe an Opfer von Straftaten (Opferhilfegesetz) vom 4. Oktober 1991 (SR 312.5)

Abkürzungsverzeichnis

OR	BG betreffend die Ergänzung des Schweizerischen Zivilgesetzbuches, Fünfter Teil: Obligationenrecht vom 30. März 1911 (SR 220)
SchKG	BG über Schuldbetreibung und Konkurs vom 11. April 1889 (SR 281.1)
SJZ	Schweizerische Juristen-Zeitung, Zürich 1904 ff.
SR	Systematische Sammlung des Bundesrechts, Bern 1970 ff.
StGB	Schweizerisches Strafgesetzbuch vom 21. Dezember 1937 (SR 311.0)
usw.	und so weiter
V	Verordnung
VD	Kanton Waadt
vgl.	vergleiche
z.B.	zum Beispiel
ZGB	Schweizerisches Zivilgesetzbuch vom 10. Dezember 1907 (SR 210)
Ziff.	Ziffer
ZPO	Zivilprozessordnung des Kantons Zürich vom 13. Juni 1976 (LS 271)
ZR	Blätter für Zürcherische Rechtsprechung, Zürich 1902 ff.

A. Einleitung

1. Sinn und Zweck des Gerichtsstandsgesetzes

In der Schweiz sind 26 kantonale Zivilprozessordnungen mit je eigenen Gerichtsstandsvorschriften und darüber hinaus bundesrechtliche Regeln betreffend Gerichtsstände anwendbar. Die damit verbundene Unübersichtlichkeit und die unvermeidbaren Abgrenzungsschwierigkeiten machen es den Rechtsuchenden oft schwer, das zutreffende forum zu finden. Folge ist eine erhebliche Rechtsunsicherheit. Demgegenüber besteht für Gerichtsstände bei internationalen Streitigkeiten eine einheitliche Regelung des Bundes- bzw. Staatsvertragsrechts: Das IPRG schafft eine allgemeine internationale Zuständigkeitsordnung, und für das engere euronationale Verhältnis ist das LugÜ mit seinem in sich geschlossenen Zuständigkeitssystem massgeblich (vgl. zum Ganzen BBl 1999 2834 ff.; *Dominik Vock:* Gerichtsstandsgesetz (GestG), in: Spühler/Reetz/Vock/Graham: Neuerungen im Zivilprozessrecht, Zürich 2000, 26).

Überdies fehlen in der Schweiz die modernen und überaus praktischen Gerichtsstände, die heute im grenzüberschreitenden Verhältnis angerufen werden können (z.B. am Erfüllungsort). Indem einem Kläger im Ausland weitergehende Gerichtsstände offen stehen, werden die inländischen Kläger diskriminiert (BBl 1999 2835; *Vock,* a.a.O., 27).

Sinn des GestG ist somit, mit einer umfassenden und systematischen Ordnung der örtlichen Zuständigkeit in Zivilsachen die im internationalen Bereich verwirklichte Rechtseinheit landesintern nachzuholen. Zudem soll das GestG eine Diskriminierung der inländischen gegenüber den ausländischen Kläger beseitigen. Letzteres ist allerdings nur zum Teil gelungen (vgl. Gerichtsstand am Erfüllungsort).

2. Entstehungsgeschichte des Gerichtsstandsgesetzes

Der Vorstand des Schweizerischen Anwaltsverbandes SAV setzte im Januar 1994 eine Expertenkommission ein, mit dem Auftrag, einen Vorentwurf für ein Bundesgesetz über die Vereinheitlichung der Gerichtsstände in Zivilsachen sowie über die Anerkennung und Vollstreckung ausserkantonaler Zivilurteile zu verfassen (BBl 1999 2836). Ziel war die Harmonisierung mit dem Lugano-Übereinkommen, die Vermeidung der erwähnten Selbstdiskriminierung sowie die Vereinfachung der Materie (BBl 1999 2839). Die Expertenkommission lieferte am 10. November 1995 dem Eidgenössischen Justiz- und Polizeidepartement (EJPD) einen Vorentwurf samt Begleitbericht zu einem Gerichtsstandsgesetz ab (BBl 1999 2836).

In der Folge ermächtigte der Bundesrat am 15. Januar 1997 das EJPD, eine Vernehmlassung über den Vorentwurf durchzuführen, welche bis am 30. April 1997 dauerte.

Der legislatorische Handlungsbedarf und die erwähnten Ziele des Vorentwurfs waren in der Vernehmlassung unbestritten. Auf grosse Zustimmung stiess das Bestreben des Vorentwurfs, eine umfassende und abschliessende Ordnung des (örtlichen) Zuständigkeitsrechts herzustellen und das übrige Bundesrecht von den Gerichtsständen zu entlasten (BBl 1999 2839). Die überwiegend positiven Ergebnisse der Vernehmlassung erforderten keine grundlegende Überarbeitung des Vorentwurfs. Die Systematik konnte beibehalten werden. Den berechtigten Anliegen der Vernehmlassungsteilnehmer konnte durch punktuelle Änderungen einzelner Bestimmungen Rechnung getragen werden (BBl 1999 2840).

Der Bundesrat unterbreitete am 18. November 1998 dem Parlament Botschaft und Entwurf zu einem neuen Bundesgesetz über den Gerichtsstand in Zivilsachen (GestG). Der Nationalrat befasste sich am 10. Juni 1999 mit der Vorlage und hiess sie mit wenigen Änderungen gut (Amtl. Bull. NR [1999] 1029 ff.), währenddem der Ständerat am 5. Oktober 1999 das Geschäft behandelte und ebenfalls mit gewissen Änderungen guthiess (Amtl. Bull. StR [1999] 891 ff.).

Die Differenzen (bei Art. 1 Abs. 3, Art. 9 Abs. 2 lit. a, Art. 22, Art. 23, Art. 24 Abs. 3, Art. 25 Abs. 3 und 4, Art. 26, Art. 27, Art. 29, Art. 34, Art. 38, Art. 40 sowie Art. 41 des Entwurfs) konnten in drei Sitzungen (Amtl. Bull. NR [1999] 2409 ff.; Amtl. Bull. StR [2000] 27 ff.; Amtl. Bull. NR [2000] 388 f.) bereinigt werden. Hauptdiskussionspunkte des Differenzenbereinigungsverfahrens waren im wesentlichen der Gerichtsstand des Erfüllungsortes, der Gerichtsstand bei Motorfahrzeug- und Fahrradunfällen und die Regelung der Rechtshängigkeit bzw. der Klageanhebung.

Nach Durchführung des Differenzenbereinigungsverfahrens wurde das Gesetz anlässlich der Frühjahrssession 2000 in der Schlussabstimmung vom Nationalrat mit 183 zu 0 und vom Ständerat mit 42 zu 0 Stimmen angenommen (Amtl. Bull. NR [2000] 460; Amtl. Bull. StR [2000] 227). Das Gerichtsstandsgesetz wird voraussichtlich am 1. Januar 2001 in Kraft treten.

3. Überblick über die Bestimmungen des Gerichtsstandsgesetzes

Das GestG hat 40 Artikel und ist in acht Kapitel gegliedert:

1. Kapitel: Gegenstand und Geltungsbereich
2. Kapitel: Allgemeine Gerichtsstandsvorschriften
3. Kapitel: Besondere Gerichtsstände
   1. Abschnitt: Personenrecht
   2. Abschnitt: Familienrecht
   3. Abschnitt: Erbrecht
   4. Abschnitt: Sachenrecht
   5. Abschnitt: Klagen aus besonderen Verträgen
   6. Abschnitt: Klagen aus unerlaubter Handlung
   7. Abschnitt: Handelsrecht
4. Kapitel: Vorsorgliche Massnahmen

A. Einleitung

5. Kapitel: Prüfung der örtlichen Zuständigkeit
6. Kapitel: Identische und in Zusammenhang stehende Klagen
7. Kapitel: Anerkennung und Vollstreckung
8. Kapitel: Schlussbestimmungen

Der Aufbau des 3. Kapitels über die besonderen Gerichtsstände folgt demjenigen von ZGB und OR.

a) Allgemeine Gerichtsstandsvorschriften

Art. 1: Das GestG regelt die *örtliche* Zuständigkeit in Zivilsachen bei *binnenrechtlichen* Verhältnissen. Für die sachliche und funktionelle Zuständigkeit bleibt weiterhin kantonales Recht anwendbar. Die Regeln über die örtliche Zuständigkeit auf dem Gebiet des Kindesschutzes, des Vormundschaftsrechts, des SchKG und der Binnen- bzw. Seeschifffahrt sowie der Luftfahrt bleiben vorbehalten.

Im Entwurf des Bundesrates regelte Art. 1 Abs. 3 das Verhältnis zur *Schiedsgerichtsbarkeit*. Das Parlament strich die Bestimmung ersatzlos, mit der Begründung, eine solche Regelung sei überflüssig, weil es klar sei, dass das GestG subsidiär anwendbar sei, wenn die Parteien in einer schiedsfähigen Sache ein Schiedsgericht vereinbart hätten (Amtl. Bull. StR [1999] 893; Amtl. Bull. NR [1999] 2410).

Art. 2: *Zwingende* Gerichtsstände sind im Gesetz ausdrücklich als solche bezeichnet. Prorogation und Einlassung, sowie die Vereinbarung eines Schiedsgerichts mit Sitz an einem andern Ort als am zwingenden gesetzlichen Gerichtsstand, sind unzulässig.

Art. 3–5: Der Gerichtsstand am Wohnsitz oder Sitz der beklagten Partei (Art. 3) ist *subsidiär* und anwendbar, wenn das GestG keinen anderen (sog. besonderen) Gerichtsstand nennt.

Fehlt ein aktueller Wohnsitz, ist der Gerichtsstand am Aufenthaltsort (Art. 4) massgeblich.

Art. 5 regelt den Gerichtsstand der Geschäftsniederlassung schlechthin. Er umfasst einerseits die Zweigniederlassung einer Handelsgesellschaft oder Genossenschaft, andererseits die berufliche oder geschäftliche Niederlassung einer natürlichen Person, einer Einzelfirma oder einer Kollektiv- bzw. Kommanditgesellschaft.

Art. 6–8: Beim Gericht der Hauptklage kann Widerklage erhoben werden, wenn die Widerklage mit der Hauptklage in einem sachlichen Zusammenhang (Konnexität) steht (Art. 6). Konnexität liegt vor, wenn beide Klagen auf dem gleichen sachlichen oder rechtlichen Grund beruhen (z.B. gleicher Lebensvorgang, gleicher Vertrag).

Art. 7 Abs. 1 betrifft den Fall der Streitgenossenschaft (subjektive Klagenhäufung). Neu genügt auch für die einfache Streitgenossenschaft, dass das angerufene Gericht für *eine* der beklagten Parteien örtlich zuständig ist. Abs. 2 befasst sich mit der objektiven Klagenhäufung. Die mehreren Ansprüche gegen eine beklagte Partei müssen in einem sachlichen Zusammenhang stehen (Konnexität). Dieser kann wie bei der Widerklage rechtlicher bzw. tatsächlicher Natur sein.

Bei Interventions- und Gewährleistungsklagen (Art. 8) eröffnet das GestG den Kantonen einen Handlungsspielraum: Sie können für solche Klagen die Zuständigkeit des Gerichts des Hauptprozesses vorsehen.

Art. 9 und 10: Eine Gerichtsstandsvereinbarung ist zulässig, «soweit das Gesetz nichts anderes vorsieht» (Art. 9). *Zwingende* Gerichtsstände können somit zu keiner Zeit – also weder vor noch nach Ausbruch des Streites – wegbedungen werden. Bei *teilzwingenden* Gerichtsständen ist eine Gerichtsstandsvereinbarung nach entstandener Streitigkeit möglich, nicht aber im voraus. Im übrigen ist die Prorogation jederzeit zulässig, gleichgültig, ob für einen bereits bestehenden oder erst künftigen Rechtsstreit. Die Gerichtsstandsvereinbarung hat *schriftlich* zu erfolgen, wobei die Anforderungen an die Schriftlichkeit durch die verschiedenen Formerleichterungen gering sind. Die sogenannt *typografische* Rechtsprechung des Bundesgerichts betreffend Gerichtsstandsklauseln (BGE 118 Ia 297) wird für nach Inkrafttreten des GestG abgeschlossene Gerichtsstandsklauseln nicht mehr gelten.

Einlassung i.S.v. Art. 10 bedeutet vorbehaltloses materielles Verhandeln der Hauptsache, ohne zuvor die örtliche Zuständigkeit des Gerichts bestritten zu haben (BGE 123 III 45 f.). Sie ist bei den *zwingenden und teilzwingenden* Gerichtsständen nicht zulässig.

Art. 11 statuiert für die Verfahren der freiwilligen Gerichtsbarkeit einen Gerichtsstand am Ort bzw. Sitz der gesuchstellenden Partei. Dieser Gerichtsstand ist anwendbar, wenn kein besonderes forum im 3. Kapitel des GestG vorgesehen ist.

b) Besondere Gerichtsstandsvorschriften

Art. 12–14: Für Klagen aus Persönlichkeitsverletzung (Art. 28a ZGB), für Begehren um Gegendarstellung (Art. 28l ZGB), für Klagen auf Namensschutz (Art. 29 ZGB) und auf Anfechtung einer Namensänderung (Art. 30 Abs. 3 ZGB) sowie für Klagen und Begehren nach Art. 15 DSG ist das Gericht am Wohnsitz oder Sitz einer der Parteien zuständig (Art. 12). Am gleichen Gerichtsstand sind die mit den erwähnten Klagen verbundenen Begehren auf Schadenersatz, Genugtuung und Gewinnherausgabe einzureichen.

Bei Verschollenerklärung gilt weiterhin zwingend der Gerichtsstand am letzten bekannten Wohnsitz der verschwundenen Person (Art. 13).

Begehren um Berichtigung des Zivilstandsregisters (Art. 45 ZGB) sowie Begehren, welche eine erst nachträgliche Unrichtigkeit des Registers betreffen, gehören zwingend vor das Gericht am Registerort (Art. 14).

Art. 15–17: Der Gerichtsstand am Wohnsitz einer Partei ist zwingend für Eheschutzmassnahmen (auch für deren Änderung, Ergänzung und Aufhebung), für Klagen auf Ungültigerklärung, Scheidung oder Trennung der Ehe, für Klagen über die güterrechtliche Auseinandersetzung, für Klagen auf Ergänzung oder Abänderung eines Scheidungs- oder Trennungsurteils sowie für die Nebenfolgen (nachehelicher Unterhalt, Kinderalimente, elterliche Sorge usw.) einer Ungültigkeits-, Scheidungs- oder Trennungsklage (Art. 15). Vorbehalten bleiben streitige BVG-Sachen bei Scheidungen (Art. 142 Abs. 2 ZGB).

Art. 16 legt zwingend den Gerichtsstand bei der Feststellung bzw. Anfechtung des Kindsverhältnisses an den Wohnsitz einer Partei zur Zeit der Geburt bzw. Adoption.

Für Unterhaltsstreitigkeiten zwischen Kindern und Eltern, nicht aber zwischen Ehegatten oder Ex-Ehegatten sowie für Streitigkeiten betreffend die Verwandtenunterstützungspflicht ist das Gericht am Wohnsitz einer Partei zwingend zuständig (Art. 17).

Art. 18: Der Gerichtsstand am letzten Wohnsitz des Erblassers bzw. der Erblasserin ist massgebend für: die Erbschaftsklage, die Ungültigkeits- und Herabsetzungsklage, die Klage auf Ausrichtung eines Vermächtnisses und die Teilungsklage. Die Klagen über die erbrechtliche Zuweisung eines landwirtschaftlichen Gewerbes oder Grundstückes können auch am Ort der gelegenen Sache erhoben werden (Abs. 1). Für die Verfahren der freiwilligen Gerichtsbarkeit, wie die Inventaraufnahme bei der Nacherbeneinsetzung, die anschliessende Beurkundung eines Nottestamentes, sichernde Massnahmen beim Erbgang (Siegelung, Inventar, Eröffnung der letztwilligen Verfügungen, Anordnung der Erbschaftsverwaltung), die Entgegennahme der Ausschlagungserklärung, die Errichtung des öffentlichen Inventars, die Durchführung der amtlichen Liquidation und die Mitwirkung bei der Teilung sind die Behörden am letzten Wohnsitz des Erblassers bzw. der Erblasserin zuständig (Abs. 2).

Art. 19 und 20: Die Zuständigkeit für *dingliche Klagen* – das sind die Klagen über dingliche Rechte oder über den Besitz an Grundstücken – und für Klagen gegen die Stockwerkeigentümergesellschaft befindet sich am Ort der gelegenen Sache (Art. 19 Abs. 1 lit. a und b). Ein Wahlgerichtsstand am Ort der gelegenen Sache oder am Wohnsitz oder Sitz der beklagten Partei steht bei allen übrigen Klagen, die sich auf das Grundstück beziehen, zur Verfügung (Abs. 1 lit. c): Es handelt sich um nicht-dingliche bzw. nicht rein dingliche Klagen, also solche, die einen realobligatorischen Anspruch zum Gegenstand haben oder die gemischt sind. Auch die obligatorischen (vertragsrechtlichen) Klagen, welche Grundstücke betreffen, wie insbesondere jene auf Übertragung von Grundeigentum oder auf Einräumung beschränkter dinglicher Rechte, fallen darunter.

Für Klagen über dingliche Rechte oder über den Besitz an beweglichen Sachen und über Forderungen, die durch Faustpfand oder Retentionsrecht gesichert sind, ist alternativ das Gericht am Wohnsitz oder Sitz der beklagten Partei oder am Ort, an dem die Sache liegt, zuständig (Art. 20).

Art. 21–24: Auf die Gerichtsstände bei Konsumentenstreitigkeiten, bei Streitigkeiten bei Miete und Pacht unbeweglicher Sachen und bei arbeitsrechtlichen Streitigkeiten können die Parteien weder zum voraus durch Prorogation noch durch Einlassung verzichten (Art. 21).

Bei konsumentenrechtlichen Streitigkeiten (also Auseinandersetzungen zwischen sog. Anbietern und Konsumenten) sieht Art. 22 Abs. 1 lit. a für die Klage eines Konsumenten einen Wahlgerichtsstand am Wohnsitz oder Sitz des Konsumenten (Klägers) bzw. am Wohnsitz oder Sitz des Anbieters (Beklagter) vor. Klagen des Anbieters sind demgegenüber beim Gericht am Wohnsitz oder Sitz des Konsumenten (Beklagter) zu erheben (Abs. 1 lit. b). Der Konsumentenvertrag muss eine Leistung des Anbieters enthalten, die für die persönlichen oder familiären – also privaten – Bedürfnisse des Konsumenten bestimmt ist (Abs. 2). Verträge zwischen Konsumenten sind keine Konsumentenverträge i.S.v. Art. 22.

Die örtliche Zuständigkeit für Klagen aus Miete und Pacht unbeweglicher Sachen befindet sich am Ort der gelegenen Sache (Art. 23 Abs. 1). Abs. 2 sieht für Klagen aus landwirtschaftlicher Pacht einen Wahlgerichtsstand am Wohnsitz oder Sitz der beklagten Partei bzw. am Ort der gepachteten Sache vor.

Für arbeitsrechtliche Streitigkeiten ist das Gericht am Wohnsitz oder Sitz der beklagten Partei oder am Ort, an dem die arbeitnehmende Partei gewöhnlich die Arbeit verrichtet, zuständig (Art. 24 Abs. 1). Unerheblich ist, ob der arbeitsrechtliche Streit eine Frage des OR oder eines Spezialgesetzes betrifft. Der gewöhnliche Arbeitsort entspricht dem Betriebs- oder Haushaltsort. Eine auf das Arbeitsvermittlungsgesetz sich stützende Klage eines Stellenbewerbers bzw. Arbeitnehmers kann neben den Gerichtsorten nach Abs. 1 zusätzlich am Ort der Geschäftsniederlassung der vermittelnden oder verleihenden Person, mit welcher der Vertrag abgeschlossen wurde, erhoben werden (Abs. 2). Streitigkeiten zwischen dem Arbeitgeber und entsandten Arbeitnehmern können – zusätzlich zu den Gerichtsständen nach Abs. 1 und 2 – auch am Entsendeort gerichtlich ausgetragen werden. Als Entsendeort gilt der vorübergehende Einsatzort (Abs. 3).

Art. 25–28: Für Klagen aus unerlaubter Handlung ist das Gericht am Wohnsitz oder Sitz der beklagten Partei oder am Handlungs- oder am Erfolgsort zuständig (Art. 25). Als gleichrangige Alternative steht aber bei solchen Klagen auch der allgemeine Gerichtsstand nach Art. 3 GestG zur Verfügung. Der Begriff unerlaubte Handlung ist weit auszulegen. Darunter fallen nicht nur die Delikte nach Art. 41 ff. OR und die Tatbestände der Kausal- oder Gefährdungshaftungen der Spezialgesetze, sondern alle ausservertraglichen Rechtsverletzungen (also auch die Verletzungstatbestände des Immaterialgüterrechts, die Tatbestände des unlauteren Wettbewerbs und die unzulässigen Wettbewerbsbehinderungen nach Kartellgesetz).

Klagen aus Strassenverkehrsunfällen sind beim Gericht am Unfallort, also am Ort, an dem sich der Unfall zugetragen hat, zu erheben (Art. 26). Unerheblich ist der Erfolgsort. Bei Spätfolgen eines Unfalls hat der Geschädigte weiterhin am Unfallort die Klage gegen den Schädiger einzureichen. Der zusätzliche Gerichtsstand am Wohnsitz oder Sitz der beklagten Partei ist alternativ.

Art. 27 regelt den Gerichtsstand bei Massenschäden. Darunter sind Ereignisse zu verstehen, bei denen eine grössere Zahl von Menschen betroffen ist. Entscheidend ist nicht die gesamte Schadenssumme, sondern allein die Zahl der geschädigten Menschen (und damit der möglichen Verfahren). Es genügt nicht, wenn mehrere Geschädigte auftreten, sondern es muss sich um eine grössere Anzahl von Personen handeln, die zusammengenommen bildlich als Menschenmenge wahrgenommen werden. Massenschäden entstehen z.B. bei Gross-Katastrophen wie bei Kernreaktor-Unfällen, bei Explosionen von Tankzügen usw. Die Zuständigkeit ist beim Handlungsort, also beim Ort des ursächlichen Geschehens (Tatort bzw. Unfallort).

In Art. 28 wird die Zuständigkeit des Strafgerichts für die Adhäsionsklage des Geschädigten, mit welcher die zivilrechtlichen Ansprüche auch im Strafprozess gegen den Schädiger geltend gemacht werden können, vorbehalten. Es gilt somit weiterhin das OHG und das kantonale Recht.

Art. 29–32: Verantwortlichkeitsklagen sind an den alternativen Gerichtsständen am Sitz der Gesellschaft oder am Wohnsitz der beklagten Partei einzureichen (Art. 29). Auch die Rechtsnachfolger einer verantwortlichen Person dürfen ebenfalls am Sitz der Gesellschaft eingeklagt werden. Für alle übrigen gesellschaftsrechtlichen Klagen (GV-Anfechtung, Klage auf Auskunft und Einsicht, Auflösungsklagen usw.) gilt Art. 3 Abs. 1 lit. b.

Für Kraftloserklärungen von Aktien oder anderen Wertpapieren ist das Gericht am Sitz der Gesellschaft bzw. am Wohnsitz des

Schuldners (Art. 30 Abs. 1) und bei Wechseln und Checks das Gericht am Zahlungsort zuständig (Abs. 2).

Art. 31 sieht für die richterliche Ermächtigung eines Gläubigers zur Einberufung der Gläubigerversammlung bei Anleihensobligationen die Zuständigkeit am gegenwärtigen oder am letzten Wohnsitz des Schuldners oder an seiner Geschäftsniederlassung vor.

Für die Klagen der Anleger ist das Gericht am Sitz der Fondsleitung zwingend zuständig (Art. 32).

c) Vorsorgliche Massnahmen

Art. 33 regelt die Zuständigkeit für den Erlass von vorsorglichen Massnahmen *vor und während der Rechtshängigkeit des Hauptprozesses*. Alternativ stehen zwei Gerichtsstände zur Verfügung: Am Ort, an dem die Zuständigkeit für die Hauptsache gegeben ist und überdies am Ort, an dem die Massnahme vollstreckt werden soll.

d) Zuständigkeit als Prozessvoraussetzung

Art. 34: Die Frage der Zuständigkeit ist eine Prozessvoraussetzung und wird somit von Amtes wegen geprüft. Ist ein anderes Gericht zwingend bzw. teilzwingend zuständig, wird auf die Klage nicht eingetreten, selbst dann, wenn die beklagte Partei sich auf den Prozess einlässt und keine Einrede erhebt. Bei den dispositiven Gerichtsständen tritt das Gericht auf die Klage nur dann nicht ein, wenn die beklagte Partei eine Unzuständigkeitseinrede erhebt.

e) Mehrere Klagen

Art. 35 und 36: Bei an mehreren Orten eingereichten identischen Klagen darf das Gericht die Klage wegen anderweitiger Rechtshängigkeit nicht zurückweisen. Vielmehr muss es den Prozess einstweilen sistieren (Art. 35 Abs. 1). Steht die örtliche

Zuständigkeit des zuerst angerufenen Gerichts fest, erledigt jedes spätere Gericht die Klage durch einen Nichteintretensentscheid (Abs. 2). Die Frage, wann die Rechtshängigkeit eintritt, regelt das kantonale Recht. Die mehrfach beklagte Partei hat eine allfällige Einrede der Litispendenz zu erheben.

Art. 36 handelt von Prozessen, deren Streitgegenstände zwar nicht identisch sind, die aber trotzdem in Zusammenhang stehen. Diese Prozesse sind grundsätzlich je selbständig durchzuführen. Im Einzelfall kann es aber sinnvoll sein, den Ausgang des ersten Verfahrens abzuwarten oder die mehreren Verfahren sogar zu vereinigen, um widersprüchliche Entscheidungen zu vermeiden. Bei Vorliegen eines sachlichen Zusammenhanges darf das später befasste Gericht – es muss aber nicht (Kann-Vorschrift) – den Prozess aussetzen (Abs. 1) oder überweisen (Abs. 2). Ein sachlicher Zusammenhang ist gegeben, wenn den verschiedenen Klagen gleichartige faktische Umstände bzw. Rechtsfragen zugrunde liegen. Steht der erste Entscheid (Leitentscheid) fest, nimmt das spätere Gericht das Verfahren wieder auf und kann über die Sache im nämlichen, aber auch in einem anderen Sinne wie das erste Gericht entscheiden. Die Vereinigung der Verfahren, wie dies Abs. 2 vorsieht, ist nur möglich, wenn sich die betreffenden Prozesse in gleicher Instanz und noch nicht im Urteilsstadium befinden. Um negative Kompetenzkonflikte zu vermeiden, haben die zuständigen Gerichte ihre Meinungen auszutauschen.

f) Anerkennung und Vollstreckung

Art. 37: Bei der Anerkennung und Vollstreckung eines Entscheides darf die Zuständigkeit des Gerichts, das entschieden hat, nicht mehr geprüft werden. Diese Regelung entspricht Art. 81 SchKG. Die Zuständigkeitseinrede entfällt hier somit *ausnahmslos,* also unabhängig davon, ob zwingende, teilzwingende oder dispositive Gerichtsstände vorliegen.

g) Schlussbestimmungen

Art. 38–40 enthalten die Schlussbestimmungen: Für Klagen, die bei Inkrafttreten dieses Gesetzes hängig sind, bleibt der Gerichtsstand bestehen (Art. 38). Die Gültigkeit einer Gerichtsstandsvereinbarung bestimmt sich nach bisherigem Recht, wenn sie vor dem Inkrafttreten dieses Gesetzes getroffen wird (Art. 39).

B. Bestimmungen des Gerichtsstandsgesetzes

1. Kapitel: Gegenstand und Geltungsbereich
Chapitre 1: Objet et champ d'application
Capitolo 1: Oggetto e campo d'applicazione

Art. 1

[1] Dieses Gesetz regelt die örtliche Zuständigkeit in Zivilsachen, wenn kein internationales Verhältnis vorliegt.

[2] Vorbehalten bleiben die Bestimmungen über die Zuständigkeit:
   a. auf dem Gebiet des Kindesschutzes und des Vormundschaftsrechts;
   b. nach dem Bundesgesetz über Schuldbetreibung und Konkurs;
   c. auf dem Gebiet der Binnen- und Seeschifffahrt sowie der Luftfahrt.

Art. 1

[1] La présente loi régit la compétence à raison du lieu en matière civile lorsque le litige n'est pas de nature internationale.

[2] Sont réservées les règles de for:
   a. en matière de protection de l'enfant et de droit de tutelle;
   b. fixées dans la loi fédérale sur la poursuite pour dettes et la faillite;
   c. en matière de navigation intérieure, maritime et aérienne.

Art. 1

[1] La presente legge disciplina la competenza per territorio in materia civile, qualora non sussistano collegamenti internazionali.

² Sono fatte salve le disposizioni sulla competenza:
  a. in materia di protezione della prole e di diritto tutorio;
  b. secondo la legge federale sull'esecuzione e sul fallimento;
  c. in materia di navigazione interna, marittima e aerea.

Materiali: Bundesrätlicher Entwurf, Art. 1 Abs. 1–3; BBl 1999 2843 f.; Amtl. Bull. NR (1999) 1031; Amtl. Bull. StR (1999) 893; Amtl. Bull. NR (1999) 2410.

1 *Abs. 1:* Das GestG regelt die Zuständigkeit in *Zivilsachen.* Der Begriff *Zivilsache* dürfte sich im wesentlichen mit jenem bei den bundesrechtlichen Rechtsmitteln decken *(Dominik Vock:* Gerichtsstandsgesetz (GestG), in: Spühler/Reetz/Vock/Graham: Neuerungen im Zivilprozessrecht, Zürich 2000, 27). Damit sind alle vermögensrechtlichen und nichtvermögensrechtlichen Zivilrechtsstreitigkeiten, aber auch (zivile) Angelegenheiten der freiwilligen Gerichtsbarkeit gemeint (BBl 1999 2843). Eine Zivilsache liegt vor, wenn es sich um ein durch das Bundesprivatrecht geregeltes Rechtsverhältnis handelt. Massgeblich ist die Rechtsnatur des Streitgegenstandes. Ob sich im kantonalen Verfahren ein Zivilgericht oder eine Verwaltungsbehörde bzw. ein Verwaltungsgericht mit dem Anspruch befasst, ist unerheblich. Keine Zivilsachen sind rein vollstreckungsrechtliche Streitigkeiten (nicht aber gemischte Prozesse) wie Rechtsöffnungen, Konkurseröffnungen und Arrestnahmen. Dasselbe gilt für den Bereich der Anerkennung und Vollstreckung von Zivilurteilen *(Spühler/Vock:* Rechtsmittel in Zivilsachen im Kanton Zürich und im Bund, Zürich 1999, 121).

2 *Zivilsachen,* welche sich auf kantonales Recht stützen (z.B. Kanzleisperre), unterliegen nicht dem GestG. Für die Bestimmung der örtlichen (und sachlichen) Zuständigkeit ist somit weiterhin kantonales Recht anwendbar.

3 Das GestG kommt lediglich bei *binnenrechtlichen* Verhältnissen zur Anwendung. Zuständigkeitsfragen in internationalen Angelegenheiten werden nach dem IPRG, dem LugÜ oder einem anderen Staatsvertrag beantwortet (BBl 1999 2843). Ob ein vom GestG nicht erfasstes internationales Verhältnis vorliegt, bestimmt sich nach Art. 1 Abs. 1 IPRG.

4 Das GestG regelt abschliessend die *örtliche* Zuständigkeit. Für kantonales Recht bleibt kein Raum, es sei denn, das GestG behalte kantonales Recht vor (Art. 8 und Art. 28; vgl. BBl 1999 2844) oder die zivile Streitigkeit stütze sich auf kantonales Recht (vgl. vorstehende N 2). Kantonales Recht ist aber weiterhin für die sachliche und funktionelle Zuständigkeit anwendbar.

5 *Abs. 2: Buchstabe a:* Die Regelung der örtlichen Zuständigkeit auf dem Gebiet des Kindesschutzes und des Vormundschaftsrechts wird vom GestG nicht erfasst. Diese Verfahren sind im Kern öffentlichrechtliche Angelegenheiten und keine eigentlichen Zivilsachen. Sie können auch nicht ohne weiteres der freiwilligen Gerichtsbarkeit zugeordnet werden. Die Normierung der betreffenden örtlichen Zuständigkeiten bleibt somit weiterhin dem ZGB überlassen (BBl 1999 2843).

6 *Buchstabe b:* Vorbehalten sind die Regeln über die örtliche Zuständigkeit nach dem SchKG. Der Anwendungsbereich von Buchstabe b ist unklar: Es fragt sich, welche Zuständigkeitsregeln bei der Verantwortlichkeitsklage (Art. 5 SchKG), bei der Anerkennungsklage (Art. 79 Abs. 1 SchKG), bei der Arrestschadenersatzklage (Art. 273 SchKG), bei der Arrestprosequierungsklage (Art. 279 Abs. 2 SchKG), bei der Klage auf Duldung der Rückschaffung von Retentionsgegenständen (Art. 284 SchKG) und bei der Admassierungsklage (Art. 242 Abs. 3 SchKG) anwendbar sind. Das SchKG enthält für diese Klagen keine Zuständigkeitsbestimmungen, mit der Konsequenz, dass die kanto-

nalen Zuständigkeitsbestimmungen weiterhin massgeblich wären. Dies widerspricht aber dem Sinn des GestG nach Vereinheitlichung der schweizerischen Zuständigkeitsordnung. Für die vorstehend erwähnten Klagen sollten demnach die allgemeinen Zuständigkeitsbestimmungen des GestG gelten. Ausser der Admassierungsklage sind bei allen betreibungsrechtlichen Klagen mit Reflexwirkung auf das materielle Recht die Gerichtsstände im SchKG festgelegt. Entsprechendes gilt für die rein betreibungsrechtlichen Klagen. Der Vorbehalt von Buchstabe b bietet hier keine Probleme.

7 *Buchstabe c:* Das GestG ist für Zuständigkeiten auf dem Gebiet der Binnen- und Seeschifffahrt sowie der Luftfahrt nicht anwendbar. Aus Praktikabilitätsgründen, aber auch wegen des speziellen und komplexen Charakters des Luft-, Schifffahrts- und Seerechts, ist die örtliche Zuständigkeit für die entsprechenden zivilen Streitigkeiten weiterhin in den betreffenden Spezialgesetzen geregelt (Art. 37 und Art. 52 des BG über das Schiffsregister [SR 747.11]; Art. 39 des BG über die Binnenschifffahrt [SR 747.201]; Art. 14 des Seeschifffahrtsgesetz [SR 747.30]; Art. 67 und Art. 84 Abs. 3 des Luftfahrtgesetzes [SR 748.0]; Art. 61 des BG über das Luftfahrzeugbuch [SR 748.217.1] und Art. 12 des Lufttransportreglementes [SR 748.411]; vgl. auch Art. 107 IPRG; BBl 1999 2844).

8 Das GestG hat Konsequenzen auf den Rechtsmittelzug: Künftig können Zuständigkeitsentscheide der kantonalen Gerichte mit bundesrechtlicher Berufung an das Bundesgericht weitergezogen werden, weil die Anwendbarkeit von Bundesrecht in Frage steht. Damit entfallen in den Kantonen diesbezügliche Nichtigkeitsrechtsmittel. Wird eine Unzuständigkeitseinrede abgewiesen, liegt ein Zwischenentscheid i.S.v. Art. 49 OG vor. Bei Gutheissung einer Unzuständigkeitseinrede fällt das kantonale Gericht einen Pro-

zessendentscheid, der als Endentscheid gemäss Art. 48 Abs. 1 OG zu qualifizieren ist *(Vock,* a.a.O., 48).

9 Anlässlich der parlamentarischen Beratungen wurde Art. 1 Abs. 1 und 2 *diskussionslos* von beiden Räten angenommen (Amtl. Bull. NR [1999] 1031; Amtl. Bull. StR [1999] 893). Für die sich stellenden rechtlichen Probleme enthalten die Materialien somit keine Antwort.

2. Kapitel: Allgemeine Gerichtsstandsvorschriften
Chapitre 2: Règles générales en matière de for
Capitolo 2: Norme generali in materia di foro

Art. 2 *Zwingende Zuständigkeit*

¹ Ein Gerichtsstand ist nur dann zwingend, wenn das Gesetz es ausdrücklich vorsieht.

² Von einem zwingenden Gerichtsstand können die Parteien nicht abweichen.

Art. 2 *For impératif*

¹ Un for n'est impératif que si la loi le prévoit expressément.

² Les parties ne peuvent déroger à un for impératif.

Art. 2 *Foro imperativo*

¹ Un foro è imperativo soltanto se la legge lo prevede espressamente.

² Le parti non possono derogare a un foro imperativo.

Materialien: Bundesrätlicher Entwurf, Art. 2; BBl 1999 2844 f.; Amtl. Bull. NR (1999) 1031; Amtl. Bull. StR (1999) 893.

1   Ein zwingender Gerichtsstand ist das verbindlichste forum für die Parteien. Deshalb haben die Gerichte die Beachtung der zwingenden Zuständigkeit von Amtes wegen zu prüfen (BBl 1999 2841). Wenn nur ein einziger zwingender Gerichtsstand vorliegt, handelt es sich dogmatisch um einen ausschliesslichen Gerichtsstand. Die klägerische Partei darf nur gerade an *diesem* Gerichtsstand ihre Klage erheben, weshalb eine Gerichtsstandsvereinbarung (Prorogation) weder vor Entstehung des Streites noch nach entstandener Streitigkeit zulässig ist *(Oscar Vogel:* Grundriss des Zivil-

prozessrechts, 6. A., Bern 1999, Kap. 4 N 15 und N 76). Ebenso ist eine Einlassung ausgeschlossen (BBl 1999 2845).

2 Stellt das Gesetz mehrere zwingende Gerichtsstände zur Verfügung (z.B. Art. 15–17), ist die Klage an einem dieser Gerichtsstände zu erheben (BBl 1999 2841 f.). Zwingende Gerichtsstände werden im GestG ausdrücklich als solche bezeichnet (vgl. Art. 13 f.; Art. 15–17; Art. 27; Art. 32 und Art. 33). Dies bildet Voraussetzung dafür, dass ein zwingender Gerichtsstand nach GestG vorliegt. Im Bereich des GestG ergeben sich demnach *kraft Auslegung* keine zwingenden Gerichtsstände.

Art. 3   *Wohnsitz und Sitz*

[1] Sieht dieses Gesetz nichts anderes vor, so ist zuständig:
   a. für Klagen gegen eine natürliche Person das Gericht an deren Wohnsitz;
   b. für Klagen gegen eine juristische Person das Gericht an deren Sitz;
   c. für Klagen gegen den Bund ein Gericht in der Stadt Bern;
   d. für Klagen gegen öffentlich-rechtliche Anstalten oder Körperschaften des Bundes ein Gericht an deren Sitz.

[2] Der Wohnsitz bestimmt sich nach dem Zivilgesetzbuch (ZGB). Artikel 24 ZGB ist nicht anwendbar.

Art. 3   *Domicile et siège*

[1] Sauf disposition contraire de la présente loi, le for est:
   a. pour les actions dirigées contre une personne physique, celui de son domicile;
   b. pour les actions dirigées contre une personne morale, celui de son siège;

c. pour les actions dirigées contre la Confédération, un tribunal de la ville de Berne;
d. pour les actions dirigées contre des établissements ou des corporations de droit public de la Confédération, un tribunal du lieu où elles ont leur siège.

² Le domicile est déterminé d'après le code civil (CC). L'art. 24 CC n'est pas applicable.

Art. 3 *Domicilio e sede*

¹ Salvo che la legge disponga altrimenti, le azioni si propongono:

a. contro una persona fisica, al giudice del suo domicilio;
b. contro una persona giuridica, al giudice della sua sede;
c. contro la Confederazione, al giudice nella città di Berna;
d. contro istituti di diritto pubblico o enti federali, al giudice della loro sede.

² Il domicilio si determina secondo il Codice civile (CC). L'articolo 24 CC non è tuttavia applicabile.

Materialien: Bundesrätlicher Entwurf, Art. 3; BBl 1999 2845; Amtl. Bull. NR (1999) 1031; Amtl. Bull. StR (1999) 893.

1 Der in Art. 30 Abs. 2 BV statuierte Gerichtsstand am Wohnsitz oder Sitz der beklagten Partei behält im GestG seine grundlegende Bedeutung. Er ist *subsidiär* und dann massgeblich, wenn das GestG keinen anderen (alternativen, zwingenden oder teilzwingenden) Gerichtsstand vorsieht. Wohnsitz und Sitz bestimmen sich nach materiellem Recht (BBl 1999 2845).

2 *Abs. 1: Buchstabe a:* Für die Bestimmung des Wohnsitzes bei Privatpersonen gilt Art. 23 und Art. 25 f. ZGB. Eine natürliche Person hat ihren Wohnsitz dort, wo sie sich in für Dritte objektiver und erkennbarer Weise mit der Absicht dauernden Verbleibens aufhält (BGE 120 III 8 E. 2; 119 II 65 E. 2b/bb). Massgeblich ist der Mittelpunkt der Lebensbe-

ziehungen, also der Ort, wo man schläft, die Freizeit verbringt und wo sich die persönlichen Effekten befinden *(Daniel Staehelin:* Zu den Art. 22–26 ZGB, in: Honsell/Vogt/Geiser (Hg.), Kommentar zum Schweizerischen Privatrecht, Schweizerisches Zivilgesetzbuch I, Basel/Frankfurt a.M. 1996, N 5 f. zu Art. 23 ZGB). Die nach aussen erkennbare Absicht muss auf einen *dauernden Aufenthalt* gerichtet sein. Ein bloss vorübergehender Aufenthalt begründet einen Wohnsitz, wenn er auf bestimmte Dauer angelegt ist und der Lebensmittelpunkt dorthin verlegt wird. Die Absicht muss nur im Zeitpunkt der Wohnsitzbegründung bestehen (vgl. zum Ganzen *Staehelin,* a.a.O., N 8 zu Art. 23 ZGB mit weiteren Hinweisen). Für die Bestimmung des Wohnsitzes ist nicht entscheidend, wo eine Person angemeldet ist und ihre Schriften hinterlegt hat. Es ist jedoch ein Indiz für die Absicht dauernden Verbleibens (BGE 120 III 8 E. 2).

3 Bei verheirateten Personen bestimmt sich der Wohnsitz gesondert für jeden Ehegatten (BGE 115 II 121 E. 4a). Wochenaufenthalter, welche am Arbeitsort übernachten und nur am Wochenende nach Hause fahren, haben den Mittelpunkt der Lebensbeziehungen üblicherweise am Wohnort der Familie. Der Wochenaufenthalts- und Arbeitsort wird zum Wohnsitz, wenn die Familie bloss noch in grossen oder unregelmässigen Abständen besucht wird (vgl. zum Ganzen *Staehelin,* a.a.O., N 11 zu Art. 23 ZGB mit weiteren Hinweisen).

4 Da die einfache Gesellschaft nicht parteifähig ist, hat sie auch keinen Sitz, an dem sie belangt werden könnte *(Frank/Sträuli/Messmer:* Kommentar zur zürcherischen Zivilprozessordnung, 3. A., Zürich 1997, N 28 zu § 2 ZPO ZH). Ansprüche sind somit am Wohnsitz der betreffenden Gesellschafter geltend zu machen.

5   Der ordentliche Gerichtsstand bei Kollektiv- und Kommanditgesellschaften befindet sich an dem im Handelsregister eingetragenen Sitz, selbst wenn dieser fiktiv ist *(Frank/Sträuli/Messmer,* a.a.O., N 26 zu § 2 ZPO ZH). Die Zuständigkeit am Sitz gilt für alle Klagen *gegen die Gesellschaft.*

6   *Buchstabe b:* Bei den juristischen Personen ist für die Bestimmung des Sitzes Art. 56 ZGB massgeblich. Der Sitz darf in den Statuten beliebig bestimmt werden. Bei zwei Sitzen (z.B. UBS AG; Nestlé AG) kann an beiden Sitzen geklagt werden. Ausschlaggebend für die Bestimmung der örtlichen Zuständigkeit ist der Eintrag des Sitzes im Handelsregister und nicht erst die entsprechende Publikation im «Schweizerischen Handelsamtsblatt», bei nicht eintragungspflichtigen juristischen Personen (Vereine, Familienstiftungen, kirchliche Stiftungen) der statutarische Sitz *(Frank/Sträuli/Messmer,* a.a.O., N 25 zu § 2 ZPO ZH).

7   *Buchstabe c und d:* Für Klagen gegen den Bund bzw. seine öffentlich-rechtlichen Anstalten (z.B. ETH, Post, SUVA) und Körperschaften (z.B. SBB AG) sind die Gerichte in der Stadt Bern bzw. die Gerichte an deren Sitz zuständig. Der Sitz bestimmt sich für öffentlich-rechtliche juristische Personen nach öffentlichem Recht des Bundes (BBl 1999 2845).

8   In diesem Zusammenhang ist neu Art. 41 Abs. 2 OG zu beachten: «Ist das Bundesgericht nicht zuständig, so bestimmt sich die örtliche Zuständigkeit für zivilrechtliche Klagen gegen den Bund nach dem Gerichtsstandsgesetz vom 24. März 2000.»

9   Für die Bestimmung der Zuständigkeit ist der Wohnsitz bzw. Sitz im *Zeitpunkt des Eintritts der Rechtshängigkeit* massgeblich. Erfolgt ein Wohnsitzwechsel oder eine Sitzverlegung nach diesem Zeitpunkt, bleibt eine allfällige Klage bis zu ihrer Erledigung beim ursprünglich örtlich zustän-

digen Gericht anhängig. Dies folgt aus dem Grundsatz der perpetuatio fori. Bei Wohn- oder Sitzwechsel vor Eintritt der Rechtshängigkeit ist für die Bestimmung der örtlichen Zuständigkeit auf den neuen Wohnsitz oder Sitz abzustellen.

10 *Abs. 2:* Eine Perpetuierung des aufgegebenen bis zur Begründung eines neuen Wohnsitzes findet im Bereich des GestG nicht statt. An Stelle eines aufgegebenen Wohnsitzes tritt der Aufenthaltsort (vgl. Art. 4; BBl 1999 2845). Deshalb braucht es die Regel von Art. 24 ZGB nicht, wonach der einmal begründete Wohnsitz bis zum Erwerb eines neuen Wohnsitzes bestehen bleibt.

Art. 4   *Aufenthaltsort*

¹ Hat die beklagte Partei keinen Wohnsitz, so ist das Gericht an ihrem gewöhnlichen Aufenthaltsort zuständig.

² Gewöhnlicher Aufenthaltsort ist der Ort, an dem eine Person während längerer Zeit lebt, selbst wenn diese Zeit von vornherein befristet ist.

Art. 4   *Résidence*

¹ Lorsque le défendeur n'a pas de domicile, le for est celui de sa résidence habituelle.

² Une personne a sa résidence habituelle dans le lieu dans lequel elle vit pendant une certaine durée, même si cette durée est de prime abord limitée.

Art. 4   *Luogo di dimora*

¹ Se il convenuto non ha domicilio, è competente il giudice nel luogo della dimora abituale.

² La dimora abituale è il luogo in cui una persona vive per una certa durata, anche se tale durata è limitata a priori.

Materialien: Bundesrätlicher Entwurf, Art. 4; BBl 1999 2846; Amtl. Bull. NR (1999) 1031; Amtl. Bull. StR (1999) 893.

1   Bei Fehlen eines aktuellen Wohnsitzes steht *subsidiär* der Gerichtsstand am Aufenthaltsort zur Verfügung. Ein aktueller Wohnsitz fehlt, wenn er aufgegeben und noch kein neuer begründet wurde (BBl 1999 2846). Der Begriff des Aufenthaltsortes deckt sich mit jenem von Art. 20 Abs. 1 lit. b IPRG (BBl 1999 2846). Es ist stärker als beim Wohnsitz auf den äusseren Anschein und weniger auf subjektive Momente, insbesondere den Willen, abzustellen (vgl. BGE 117 II 337 E. 4a mit weiteren Hinweisen; vgl. auch *Catherine Christen-Westenberg:* Zu den Art. 20–24 IPRG, in: Honsell/Vogt/Schnyder (Hg.), Kommentar zum Schweizerischen Privatrecht, Internationales Privatrecht, Basel/Frankfurt a.M. 1996, N 22 zu Art. 20 IPRG).

2   Massgeblich für die Bestimmung des Aufenthaltsortes ist, wie beim Wohnsitz, wo sich der Schwerpunkt der Lebensverhältnisse befindet, wo also eine Person während längerer Zeit lebt, selbst wenn diese Zeit von vornherein befristet ist. Was unter längerer Zeit zu verstehen ist, ist aufgrund der Verhältnisse des einzelnen Falles zu bestimmen (BGE 117 II 337 E. 4a). Der rein zufällige Verbleib an einem Ort reicht nicht aus. Es braucht die regelmässige Präsenz einer Person an einem Ort, die ein eigentliches «Leben» darstellt mit der Begründung von beruflichen und persönlichen Beziehungen *(Christen-Westenberg,* a.a.O., N 23 zu Art. 20 IPRG mit weiteren Hinweisen).

Art. 5   *Niederlassung*

Für Klagen aus dem Betrieb einer geschäftlichen oder beruflichen Niederlassung oder einer Zweigniederlassung ist das Gericht am Wohnsitz oder Sitz der beklagten Partei oder am Ort der Niederlassung zuständig.

Art. 5 *Etablissement*

Pour les actions portant sur les activités industrielles, commerciales ou professionnelles d'un établissement ou d'une succursale, le for est celui du domicile ou du siège du défendeur ou celui du lieu dans lequel cet établissement ou cette succursale est située.

Art. 5 *Stabile organizzazione*

Le azioni derivanti della gestione di un domicilio professionale o d'affari o di una succursale si propongono al giudice del domicilio o della sede del convenuto o al giudice del luogo della stabile organizzazione.

Materialien: Bundesrätlicher Entwurf, Art. 5; BBl 1999 2846 f.; Amtl. Bull. NR (1999) 1031; Amtl. Bull. StR (1999) 893.

1 Für Klagen *aus dem Betrieb einer Niederlassung* gilt alternativ neben dem allgemeinen Gerichtsstand der Gerichtsstand am Ort der Niederlassung. Der Begriff der Niederlassung umfasst einerseits die Zweigniederlassung einer Handelsgesellschaft oder Genossenschaft (vgl. z.B. Art. 642 Abs. 3 OR, Art. 782 Abs. 3 OR und Art. 837 Abs. 3 OR), andererseits die berufliche oder geschäftliche Niederlassung einer natürlichen Person (z.B. Anwaltsbüro, Arztpraxis), einer Einzelfirma oder einer Kollektiv- bzw. Kommanditgesellschaft (BBl 1999 2846). – Unter Zweigniederlassung ist ein kaufmännischer Betrieb zu verstehen, der zwar rechtlich Teil eines Hauptunternehmens ist, von der er abhängt, der aber in eigenen Räumlichkeiten dauernd eine gleichartige Tätigkeit wie jene ausübt und dabei über eine gewisse wirtschaftliche und geschäftliche Unabhängigkeit verfügt (BGE 117 II 87 E. 3; 120 III E. 1a). – Eine geschäftliche Niederlassung ist gegeben, wenn jemand ausserhalb seines Wohnsitzes den Mittelpunkt einer selbständigen geschäftlichen Tätigkeit (Hauptniederlassung) oder wenigstens eine Ge-

schäftsstelle (Zweigniederlassung) besitzt *(Frank/Sträuli/ Messmer:* Kommentar zur zürcherischen Zivilprozessordnung, 3. A., Zürich 1997, N 4 zu § 3 ZPO ZH). Eine Zweigniederlassung im vorerwähnten Sinn braucht nicht vorzuliegen (vgl. auch BGE 101 Ia 41 E. 1). Ob die Niederlassung im Handelsregister eingetragen ist, spielt keine Rolle (BBl 1999 2847 Fn 38).

2 Der vorliegende Gerichtsstand erstreckt sich lediglich auf Ansprüche, *welche mit der Niederlassung im Zusammenhang* stehen *(Frank/Sträuli/Messmer,* a.a.O., N 12 zu § 3 ZPO ZH). Unerheblich ist, auf welchen Rechtsgrundlagen sich die Ansprüche stützen. Am Ort der Zweigniederlassung einer AG können aber auch Ansprüche aus Geschäften eingeklagt werden, die über den ordentlichen Geschäftsbetrieb hinausgehen oder gar das interne Verhältnis zur Hauptniederlassung betreffen (ZR 95 Nr. 21). Aktienrechtliche Verantwortlichkeitsprozesse sind immer am Sitz der AG und nie am Ort der Niederlassung zu erheben (BGE 115 II 163 E. 3c).

3 Der Gerichtsstand am Ort der Niederlassung ist alternativ. Die klägerische Partei hat ein freies Wahlrecht. Ein Rechtsanwalt kann beispielsweise für Haftpflichtansprüche aus seiner beruflichen Tätigkeit an seinem Wohnsitz oder am Sitz seiner Anwaltskanzlei eingeklagt werden.

Art. 6 *Widerklage*

[1] Beim Gericht der Hauptklage kann Widerklage erhoben werden, wenn die Widerklage mit der Hauptklage in einem sachlichen Zusammenhang steht.

[2] Der Gerichtsstand bleibt bestehen, auch wenn die Hauptklage aus irgendeinem Grund dahinfällt.

Art. 6 *Demande reconventionnelle*

¹ Une demande reconventionnelle présentant un lien de connexité avec la demande principale peut être portée devant le tribunal saisi de la demande principale.

² Ce for subsiste même si la demande principale est liquidée, pour quelque raison que ce soit.

Art. 6 *Domanda riconvenzionale*

¹ Al giudice presso cui è pendente la domanda principale si può proporre domanda riconvenzionale se le due sono materialmente connesse.

² Questo foro sussiste anche quando la domanda principale viene meno per una qualsivoglia ragione.

Materialien: Bundesrätlicher Entwurf, Art. 6; BBl 1999 2847 f.; Amtl. Bull. NR (1999) 1031; Amtl. Bull. StR (1999) 893.

1   *Abs. 1:* «Die Widerklage ist eine selbständige Klage im Rahmen eines anderen Prozesses (...). Sie ist weder Angriffs- noch Verteidigungsmittel, sondern Klage wie die Vorklage, ein gegen den Angriff geführter Gegenangriff, mit welchem die Beklagtenseite ein selbständiges Ziel verfolgt, indem sie einen von der Vorklage nicht erfassten, unabhängigen Anspruch ins Recht legt» (BGE 123 III 47 E. 3c).

2   Haupt- und Widerklage müssen in einem sachlichen Zusammenhang (Konnexität) stehen. Konnexität liegt vor, wenn beide Klagen auf dem gleichen sachlichen oder rechtlichen Grund beruhen (z.B. gleicher Lebensvorgang, gleicher Vertrag). Es genügt somit eine enge rechtliche Beziehung verschiedener Sachverhalte *(Oscar Vogel:* Grundriss des Zivilprozessrechts, 6. A., Bern 1999, Kap. 7 N 58). Der Begriff der Konnexität deckt sich mit demjenigen in Art. 8

IPRG (BBl 1999 2847). Blosse Verrechenbarkeit genügt nicht (BBl 1999 2847).

3 Übersteigt der Streitwert einer Widerklage die Spruchkompetenz des angerufenen Gerichts, ist kantonales Prozessrecht anzuwenden, weil es um die *sachliche* Zuständigkeit geht. Entsprechendes gilt, wenn nach kantonalem Recht der Streitwert von Haupt- und Widerklage zusammengerechnet wird. Die Kantone sehen regelmässig eine Überweisung beider Klagen – von Haupt- und Widerklage – an das für den höheren Streitwert zuständige Gericht vor (z.B. § 60 Abs. 1 Satz 2 ZPO ZH), es sei denn, zwingendes Bundesrecht verbiete dies (vgl. z.B. Art. 343 Abs. 2 OR). Ein die Zuständigkeit des Hauptgerichts übersteigender Streitwert steht einer Widerklage somit nicht entgegen (BBl 1999 2847).

4 Für die Zulässigkeit der Widerklage müssen neben der erwähnten Konnexität folgende zwei Voraussetzungen erfüllt sein: Die Widerklage kann nur eingereicht werden, wenn die *Hauptklage rechtshängig ist* (BGE 87 I 130 E. 3). Für die Widerklage muss sodann die *gleiche Verfahrensart* wie für die Hauptklage vorgeschrieben sein, d.h. beide Klagen müssen je im ordentlichen, beschleunigten oder summarischen Verfahren durchgeführt werden *(Vogel,* a.a.O., Kap. 7 N 56). Diese zwei erwähnten Voraussetzungen verlangt das GestG nicht explizit. Es fragt sich somit, ob sie künftig nach *ungeschriebenem Bundesrecht* oder weiterhin nach *kantonalem Recht* erforderlich sind. Es wäre unlogisch, wenn die eine Voraussetzung der Konnexität nach Bundesrecht und die übrigen Voraussetzungen der Widerklage nach kantonalem Recht geregelt würden. Zudem gäbe es eine Rechtszersplitterung, wenn auf die zwei übrigen Voraussetzungen kantonales Rechts anwendbar wäre, weil die vorliegende *bundesrechtliche* Gerichtsstandsbestimmung allenfalls gar

nicht mehr durchsetzbar wäre. Folge wäre überdies eine Gabelung des kantonal- und bundesrechtlichen Rechtsmittelzuges über die Frage der Zulässigkeit einer Widerklage. Die zusätzlichen Voraussetzungen der *rechtshängigen Hauptklage* und der *gleichen Verfahrensart* richten sich demnach neu nach ungeschriebenem Bundesrecht. Damit im Zusammenhang stehende Rügen gelten als Verletzung von Bundesrecht und unterliegen grundsätzlich der Berufung ans Bundesgericht.

5   *Abs. 2:* Da die Widerklage eine selbständige Klage ist, bleibt der Gerichtsstand am Ort der Hauptklage auch im Fall bestehen, in dem die Hauptklage infolge Rückzugs bzw. Gegenstandslosigkeit dahinfällt. Gleichgültig ist, ob die Hauptklage wegen Klagerückzugs, Anerkennung, Vergleichs, Nichteintretens oder (Teil-)urteils dahingefallen ist. Selbst wenn auf die Hauptklage, nachdem auch die Widerklage rechtshängig geworden ist, mangels örtlicher Zuständigkeit nicht eingetreten wird, dauert deshalb der Gerichtsstand der Widerklage fort (BBl 1999 2847).

Art. 7   *Klagenhäufung*

[1] Richtet sich die Klage gegen mehrere Streitgenossen, so ist das für eine beklagte Partei zuständige Gericht für alle beklagten Parteien zuständig.

[2] Für mehrere Ansprüche gegen eine beklagte Partei, welche in einem sachlichen Zusammenhang stehen, ist jedes Gericht zuständig, das für einen der Ansprüche zuständig ist.

Art. 7   *Cumul d'actions*

[1] Lorsque l'action est intentée contre plusieurs consorts, le tribunal compétent à l'égard d'un défendeur l'est à l'égard de tous les autres.

² Lorsque plusieurs prétentions qui présentent un lien de connexité entre elles sont élevées contre un même défendeur, chaque tribunal compétent pour connaître de l'une d'elles est compétent.

Art. 7 *Cumulo di azioni*

¹ Se l'azione è diretta contro più litisconsorti, il giudice competente per un convenuto lo è anche per gli altri.

² Se contro un convenuto sono fatte valere più pretese materialmente connesse, il giudice competente per una di esse lo è anche per le altre.

Materialien: Bundesrätlicher Entwurf, Art. 7; BBl 1999 2848; Amtl. Bull. NR (1999) 1031; Amtl. Bull. StR (1999) 893.

1 *Abs. 1* regelt den Fall der Streitgenossenschaft (subjektive Klagenhäufung). Richtet sich die Klage gegen mehrere Streitgenossen, so ist das für eine beklagte Partei zuständige Gericht für alle beklagten Parteien zuständig. Unerheblich ist es, ob es sich um eine einfache oder eine notwendige Streitgenossenschaft handelt (BBl 1999 2848). Somit genügt neu auch für die einfache Streitgenossenschaft, dass das angerufene Gericht für *eine* der beklagten Parteien örtlich zuständig ist. Eine solidarisch haftende Person kann am Wohnsitz eines Mithaftenden eingeklagt werden. Der verfassungsmässige Anspruch auf den Wohnsitzgerichtsstand spielt hier nicht (Art. 30 Abs. 2 Satz 2 BV).

2 *Abs. 2* befasst sich mit der objektiven Klagenhäufung. Für mehrere Ansprüche gegen eine (einzige) beklagte Partei ist jedes Gericht zuständig, das für einen der Ansprüche zuständig ist. Die mehreren Ansprüche gegen eine beklagte Partei müssen in einem sachlichen Zusammenhang stehen (Konnexität). Dieser kann wie bei der Widerklage rechtlicher bzw. tatsächlicher Natur sein (BBl 1999 2848; vgl. vorstehend N 2 zu Art. 6 GestG).

3   Zusätzlich zum Gesetzeswortlaut muss bei der sujektiven oder objektiven Klagenhäufung die Voraussetzung gelten, dass für die mehreren Klagen die *gleiche Verfahrensart* vorgesehen ist *(Frank/Sträuli/Messmer:* Kommentar zur zürcherischen Zivilprozessordnung, 3. A., Zürich 1997, N 16 zu § 40 ZPO ZH und N 7 zu § 58 ZPO ZH; *Oscar Vogel:* Grundriss des Zivilprozessrechts, 6. A., Bern 1999, Kap. 5 N 60 f. und Kap. 7 N 45). Eine Klage im beschleunigten Verfahren kann somit nicht mit einer solchen im ordentlichen Verfahren verbunden werden *(Frank/Sträuli/ Messmer,* a.a.O., N 7 zu § 58 ZPO ZH). Diese Voraussetzung stützt sich wie bei der Widerklage auf *ungeschriebenes Bundesrecht* (vgl. vorstehend N 4 zu Art. 6 GestG).

4   Das Erfordernis der *gleichen Zuständigkeit,* welches bis anhin für die Zulässigkeit einer subjektiven oder objektiven Klagenhäufung galt, fällt mit der vorliegenden Gerichtsstandsbestimmung dahin *(Vogel,* a.a.O., Kap. 7 N 45, mit Hinweis auf BGE 124 III 207 ff., der nun obsolet wird). Der Sinngehalt von Art. 30 Abs. 2 BV ermöglicht den Verzicht auf die Voraussetzung der gleichen Zuständigkeit.

Art. 8   *Interventions- und Gewährleistungsklage*

Das kantonale Recht kann für eine Inverventions- und Gewährleistungsklage, insbesondere auf Grund eines Regresses des Beklagten, die Zuständigkeit des Gerichtes des Hauptprozesses vorsehen.

Art. 8   *Action en intervention et en garantie*

Le droit cantonal peut disposer que le tribunal compétent pour connaître de l'action principale l'est aussi pour connaître de l'action en intervention et en garantie notamment par suite d'un recours du défendeur.

Art. 8 *Azione di chiamata in causa o di garanzia*

Per l'azione di chiamata in causa o l'azione di garanzia, segnatamente in considerazione di un regresso del convenuto, il diritto cantonale può prevedere la competenza del giudice del processo principale.

Materialien: Bundesrätlicher Entwurf, Art. 8; BBl 1999 2848 f.; Amtl. Bull. NR (1999) 1031; Amtl. Bull. StR (1999) 893.

1 Bei der Interventions- oder Gewährleistungsklage kann ein Dritter, gegen den eine Prozesspartei im Falle ihres Unterliegens Regress nehmen will, im bereits hängigen Hauptprozess als beklagte Partei ins Recht gefasst werden (BBl 1999 2848; *Oscar Vogel:* Grundriss des Zivilprozessrechts, 6. A., Bern 1999, Kap. 7 N 19b). Eine solche Klage kennen heute lediglich die Zivilprozessordnungen der Kantone Genf und Waadt (vgl. Art. 104 f. ZPO GE; Art. 83 ff. ZPO VD).

2 Die Botschaft nennt zur Veranschaulichung folgendes Beispiel (vgl. BBl 1999 2848): «Der Käufer eines mangelhaften Produktes klagt gegen den Verkäufer auf Minderung (Hauptprozess); dieser möchte sich, falls die Klage gutgeheissen wird, unmittelbar am Produzenten (am bisher unbeteiligten Dritten) schadlos halten (Regress)». Die kantonalen Prozessgesetze (ausser GE und VD) sehen für diesen Fall vor, dass der Verkäufer im Hauptprozess dem Produzenten (unbeteiligter Dritter) den *Streit verkünden kann* (vgl. z.B. § 46 Abs. 1 ZPO ZH). Der Dritte wird nicht beklagte Partei sondern lediglich «Streithelfer». Damit kann der regresspflichtige Produzent (Dritter) im späteren Prozess über die Regressforderung nicht mehr die Einrede erheben, der Verkäufer habe den Hauptprozess gegen den Käufer unsorgfältig geführt, oder der Richter habe unrichtig entschieden (vgl. auch Art. 193 OR). Es braucht insgesamt zwei Prozesse: den Hauptprozess zwischen dem Käufer und dem Verkäufer

und dann den Zweitprozess zwischen dem Streitverkünder (Verkäufer) und dem Streitberufenen (regresspflichtiger Produzent).

3 Mit Art. 8 können die erwähnten zwei Prozesse auf einen Schlag erledigt werden, indem über die Regressforderung ebenfalls im Hauptprozess entschieden wird (BBl 1999 2849): Die Kantone sind ermächtigt, für den zweiten Prozess zwischen dem Verkäufer und dem Produzenten (Dritter) betreffend die Regressforderung den Gerichtsstand des Hauptprozesses vorzusehen. Damit wird der Produzent (Dritter) im Hauptprozess Partei und vom Verkäufer beklagt (BBl 1999 2849).

4 Soweit die Kantone die Gerichtsstände für den Zweitprozess nicht i.S.v. Art. 8 regeln, gelten bei Klagen des Verkäufers gegen den regresspflichtigen Produzenten (Zweitprozess) die allgemeinen Zuständigkeitsbestimmungen des GestG.

Art. 9 *Gerichtsstandsvereinbarung*

¹ **Soweit das Gesetz nichts anderes vorsieht, können die Parteien für einen bestehenden oder für einen künftigen Rechtsstreit über Ansprüche aus einem bestimmten Rechtsverhältnis einen Gerichtsstand vereinbaren. Geht aus der Vereinbarung nichts anderes hervor, so kann die Klage nur am vereinbarten Gerichtsstand angehoben werden.**

² **Die Vereinbarung muss schriftlich erfolgen. Einer schriftlichen Vereinbarung gleichgestellt sind:**
  a. **Formen der Übermittlung, die den Nachweis durch Text ermöglichen, wie namentlich Telex, Telefax und E-Mail;**
  b. **eine mündliche Vereinbarung mit schriftlicher Bestätigung der Parteien.**

³ **Das bezeichnete Gericht kann seine Zuständigkeit ablehnen, wenn die Streitigkeit keinen genügenden örtlichen oder sachlichen Bezug zum vereinbarten Gerichtsstand aufweist.**

Art. 9 *Election de for*

¹ Sauf disposition légale contraire, les parties peuvent convenir d'un tribunal appelé à trancher un différend présent ou à venir résultant d'un rapport de droit déterminé. Sauf disposition conventionnelle contraire, l'action ne peut être intentée que devant le tribunal choisi.

² La convention doit être passée par écrit. Sont assimilés à une convention écrite:
   a. les actes transmis par un moyen de communication permettant d'établir la preuve par un texte, notamment le télex, la télécopie ou la messagerie électronique;
   b. la convention orale que les parties ont confirmée par écrit.

³ Le tribunal choisi peut décliner sa compétence lorsque le litige ne présente pas de lien territorial ou matériel suffisant avec le for élu.

Art. 9 *Proroga di foro*

¹ Salvo che la legge disponga altrimenti, le parti possono pattuire il foro per una controversia esistente o futura in materia di pretese derivanti da un determinato rapporto giuridico. Salvo diversa stipulazione, l'azione può essere proposta soltanto al foro pattuito.

² Il patto deve essere stipulato per scritto. Sono equiparati al patto scritto:
   a. i mezzi di trasmissione che consentono la prova per testo (telex, facsimile, posta elettronica, ecc.); e
   b. l'accordo orale delle parti, confermato per scritto.

³ Il giudice designato può declinare la competenza qualora la controversia non denoti sufficiente nesso territoriale o materiale con il foro pattuito.

Materialien: Bundesrätlicher Entwurf, Art. 9; BBl 1999 2849 ff.; Amtl. Bull. NR (1999) 1031; Amtl. Bull. StR (1999) 893; Amtl. Bull. NR (1999) 2410; Amtl. Bull. StR (2000) 27.

Art. 9

1 *Abs. 1:* Eine Gerichtsstandsvereinbarung ist zulässig, «soweit das Gesetz nichts anderes vorsieht». Mit «Gesetz» ist das GestG oder ein anderes Bundesgesetz gemeint. *Zwingende* Gerichtsstände können somit zu keiner Zeit – also weder vor noch nach Ausbruch des Streites – wegbedungen werden. Bei *teilzwingenden* Gerichtsständen ist eine Gerichtsstandsvereinbarung nach entstandener Streitigkeit möglich, nicht aber im voraus. Im übrigen ist die Prorogation jederzeit zulässig, gleichgültig, ob für einen bereits bestehenden oder erst künftigen Rechtsstreit (vgl. zum Ganzen BBl 1999 2849). Sodann müssen die Parteien über den Streitgegenstand frei verfügen können, um eine Gerichtsstandsvereinbarung gültig abzuschliessen *(Frank/Sträuli/Messmer:* Kommentar zur zürcherischen Zivilprozessordnung, 3. A., Zürich 1997, N 12 zu § 11 ZPO ZH).

2 Die Gerichtsstandsvereinbarung muss immer einen Streit aus einem *bestimmten und genau bezeichneten Rechtsverhältnis* betreffen. Es ist gleichgültig, ob dieses Rechtsverhältnis durch Gesetz oder Vertrag begründet wird *(Frank/Sträuli/Messmer,* a.a.O., N 4 zu § 11 ZPO ZH). Eine Prorogation für sämtliche Streitigkeiten aus allen Verträgen des derzeitigen und künftigen Geschäftsverkehrs zwischen Parteien wäre somit unzulässig (BBl 1999 2850; vgl. auch BGE 87 I 57 f. E. 3b).

3 Der gültig prorogierte Gerichtsstand ist ausschliesslich. Jedes andere angerufene Gericht hat sich auf entsprechende Einrede des Beklagten hin für unzuständig zu erklären (BBl 1999 2850). Die Geltendmachung der Unzuständigkeitseinrede wird durch die kantonalen Prozessgesetze zeitlich beschränkt. Ist die Einrede verspätet oder gar nicht erhoben worden, wird das gemäss der Prorogation unzuständige Gericht durch Einlassung zuständig *(Oscar Vogel:* Grundriss des Zivilprozessrechts, 6. A., Bern 1999, Kap. 4 N 84). Die

Gerichtsstandsvereinbarung darf somit nicht von Amtes wegen berücksichtigt werden *(Vogel,* a.a.O., Kap. 4 N 84).

4 *Abs. 2: Buchstabe a:* Die Gerichtsstandsvereinbarung hat *schriftlich* zu erfolgen. Die Anforderungen an die Schriftlichkeit sind durch die verschiedenen Formerleichterungen gering. Danach ist beispielsweise neu eine Gerichtsstandsvereinbarung per E-Mail zulässig (vgl. auch Amtl. Bull. StR [1999] 893). Blosse Mündlichkeit reicht aber nicht aus, auch nicht im kaufmännischen Verkehr (BBl 1999 2850).

5 *Buchstabe b:* Eine vorerst nur mündliche Vereinbarung ist möglich, wenn sie anschliessend von allen Parteien schriftlich bestätigt wird. Die schriftliche Bestätigung muss aber spätestens bei Rechtshängigkeit des Verfahrens vorliegen.

6 Die sogenannt *typografische* Rechtsprechung des Bundesgerichts (wonach die Gerichtsstandsklausel an gut sichtbarer Stelle eines Vertrages angebracht sein und drucktechnisch hervortreten muss [BGE 118 Ia 297 E. 2a]) wird für nach Inkrafttreten des Gerichtsstandsgesetzes abgeschlossene Gerichtsstandsklauseln nicht mehr gelten. Aufgrund von Art. 39 ist diese Rechtsprechung für altrechtliche Gerichtsstandsklauseln jedoch weiterhin massgebend.

7 Bei Streitigkeiten zwischen einer juristischen Person und ihren Mitgliedern oder zwischen den Mitgliedern ist nach den erwähnten Formerfordernissen eine Gerichtsstandsklausel auch in den Statuten der juristischen Person rechtmässig *(Frank/Sträuli/Messmer,* a.a.O., N 7a zu § 11 ZPO ZH). Es müssen aber in Bezug auf die Statuten oder eine Beitrittserklärung als Mitglied die Formerfordernisse von Abs. 2 erfüllt sein (Schriftlichkeit oder entsprechendes Surrogat). Demgegenüber schliesst der Wortlaut von Abs. 1 Satz 1 (...«können die Parteien ... einen Gerichtsstand vereinbaren ...») eine Gerichtsstandsvorschrift des Erblassers in seiner letztwilligen Verfügung aus; sie ist jedoch im Rahmen eines Erbvertrages oder eines Erbteilungsvertrages zulässig.

8 *Abs. 3:* Das vereinbarte Gericht kann seine Zuständigkeit ablehnen, wenn die Streitigkeit keinen genügenden örtlichen oder sachlichen Bezug zum vereinbarten Gerichtsstand aufweist. Ein solcher Bezug ist beispielsweise gegeben bei Wohnsitz oder Sitz einer Partei am vereinbarten Gerichtsort (BBl 1999 2851). Entsprechendes gilt, wenn sich der Erfüllungsort am vereinbarten Gerichtsstand befindet. Fehlt diese Voraussetzung, kann das Gericht seine Zuständigkeit trotz Einlassung ablehnen. Es handelt sich um eine «Kann-Vorschrift»; das Gericht muss stets im Rahmen des sachgemässen Ermessens handeln. Zulässig ist aber auch die Annahme von Streitigkeiten ohne jeglichen örtlichen oder sachlichen Bezug zum vereinbarten Gerichtsstand.

9 Die erwähnte Einschränkung ist angesichts der internationalen Rechtsentwicklung unverständlich. Bereits im Bereich des IPRG ist das Erfordernis der Binnenbeziehung stark relativiert (Art. 5 Abs. 3 IPRG). Das Lugano-Übereinkommen kennt die Einschränkung überhaupt nicht mehr. Der Gesetzgeber hat es verpasst, im Bereich der Gerichtsstandsvereinbarung auf das Erfordernis der Binnenbeziehung zu verzichten. Die gegenwärtige Praxis des Handelsgerichts des Kantons Zürich, unter bestimmten Voraussetzungen (hoher Streitwert, Kostensicherstellung) auf die an sich mögliche Ablehnung von prorogierten Prozessen zu verzichten (ZR 96 Nr. 53), hält auch vor Art. 9 Abs. 3 stand.

10 Zur Gültigkeit von altrechtlichen Gerichtsstandsvereinbarungen vgl. N 1 zu Art. 39 GestG.

Art. 10 *Einlassung*

[1] Soweit das Gesetz nichts anderes vorsieht, wird das angerufene Gericht zuständig, wenn sich die beklagte Partei zur Sa-

che äussert, ohne die Einrede der Unzuständigkeit zu erheben.

² Artikel 9 Absatz 3 gilt sinngemäss.

Art. 10 *Acceptation tacite*

¹ Sauf disposition légale contraire, le tribunal saisi est compétent lorsque le défendeur procède sans faire de réserve sur la compétence.

² L'art. 9, al. 3, est applicable par analogie.

Art. 10 *Costituzione in giudizio del convenuto*

¹ Salvo che la legge disponga altrimenti, il giudice adito è competente dal momento in cui il convenuto si esprime nel merito senza sollevare l'eccezione d'incompetenza.

² L'articolo 9 capoverso 3 si applica per analogia.

Materialien: Bundesrätlicher Entwurf, Art. 10; BBl 1999 2851; Amtl. Bull. NR (1999) 1031; Amtl. Bull. StR (1999) 893.

1   *Abs. 1:* Einlassung ist der Verzicht auf den gesetzlichen oder ausschliesslich prorogierten Gerichtsstand durch konkludentes Handeln in einem bereits hängigen Prozess. Sie erfolgt durch die unzweideutige Bekundung der Beklagtenseite, vor dem angerufenen Gericht vorbehaltlos materiell zur Hauptsache zu verhandeln (BGE 123 III 45 f. E. 3b). Bei den *zwingenden und teilzwingenden* Gerichtsständen ist die Einlassung nicht zulässig.

2   Eine Stellungnahme zur Sache im Sühnverfahren oder die Teilnahme an einem Verfahren zur Beweissicherung bedeutet keine Einlassung; ebenso keine oder eine verspätete Äusserung zur Sache, die Einreichung eines Verschiebungsgesuches oder eines Gesuches um Fristverlängerung für die Klagebeantwortung, die Einreichung einer Voll-

macht bzw. eines Gesuches um unentgeltliche Prozessführung und Bestellung eines unentgeltlichen Rechtsbeistandes (vgl. zum Ganzen mit weiteren Beispielen *Frank/ Sträuli/Messmer,* Kommentar zur zürcherischen Zivilprozessordnung, 3. A., Zürich 1997, N 9 zu § 12 ZPO ZH). Sodann muss der beklagten Partei offen stehen, den Einwand der Litispendenz beim zweitangerufenen Gericht unbesehen der andernorts hängigen Unzuständigkeitseinrede zu erheben, ohne sich dabei einzulassen (BGE 123 III 46 E. 3b). Entsprechendes gilt für die Einrede der Unzuständigkeit, sofern sie nach den kantonalen Prozessgesetzen rechtzeitig erfolgt ist.

3   Die vorbehaltlose Einlassung begründet von Gesetzes wegen die Zuständigkeit des angerufenen Gerichts. Wird durch die Einlassung eine zwingende oder teilzwingende Zuständigkeitsvorschrift verletzt, hat das Gericht sich von Amtes wegen für unzuständig zu erklären. Lässt sich der Beklagte vorbehaltlos ein, kann der Kläger und Widerbeklagte die Zuständigkeit des betreffenden Richters zur Behandlung der Widerklage am Ort der Hauptklage nicht bestreiten (vgl. zum Ganzen *Frank/Sträuli/Messmer,* a.a.O., N 10 zu § 12 ZPO ZH).

4   *Abs. 2* verlangt bei der Einlassung den genügenden Bezug der Streitigkeit zum Gerichtsstand. Diesbezüglich gelten die vorstehenden Ausführungen unter N 8 f. zu Art. 9 Abs. 3 GestG.

Art. 11   *Freiwillige Gerichtsbarkeit*

In Angelegenheiten der freiwilligen Gerichtsbarkeit ist das Gericht am Wohnsitz oder Sitz der gesuchstellenden Partei zuständig, sofern das Gesetz nichts anderes bestimmt.

Art. 11 *Juridiction gracieuse*

Sauf disposition légale contraire, le tribunal du domicile ou du siège du requérant est compétent pour les affaires relevant de la juridiction gracieuse.

Art. 11 *Volontaria giurisdizione*

Salvo che la legge disponga altrimenti, in materia di volontaria giurisdizione è competente il giudice del domicilio o della sede del richiedente.

Materialien: Bundesrätlicher Entwurf, Art. 11 BBl 1999 2851; Amtl. Bull. NR (1999) 1031; Amtl. Bull. StR (1999) 893.

1 Art. 11 bestimmt für die Verfahren der freiwilligen Gerichtsbarkeit (z.B. Hinterlegung gemäss Art. 92 f. OR, Sonderprüfungsklage nach Art. 697a Abs. 2 OR) einen Gerichtsstand am Ort bzw. Sitz der gesuchstellenden Partei. Dieser Gerichtsstand ist dann massgeblich, wenn kein besonderes Forum im 3. Kapitel des GestG (Art. 13, Art. 14, Art. 18 Abs. 2, Art. 30 und Art. 31) vorgesehen ist (BBl 1999 2851).

3. Kapitel: Besondere Gerichtsstände
Chapitre 3: Fors spéciaux
Capitolo 3: Fori speciali

1. Abschnitt: Personenrecht
Section 1: Droit des personnes
Sezione 1: Diritto delle persone

Art. 12 *Persönlichkeits- und Datenschutz*

Das Gericht am Wohnsitz oder Sitz einer der Parteien ist zuständig für:
 a. Klagen aus Persönlichkeitsverletzung;
 b. Begehren um Gegendarstellung;
 c. Klagen auf Namensschutz und auf Anfechtung einer Namensänderung;
 d. Klagen und Begehren nach Artikel 15 des Bundesgesetzes vom 19. Juni 1992 über den Datenschutz.

Art. 12 *Protection de la personnalité et protection des données*

Le tribunal du domicile ou du siège de l'une des parties est compétent pour connaître:
 a. des actions fondées sur une atteinte à la personnalité;
 b. des actions en exécution du droit de réponse;
 c. des actions en protection du nom et en contestation d'un changement de nom;
 d. des actions et requêtes fondées sur l'art. 15 de la loi fédérale du 19 juin 1992 sur la protection des données.

Art. 12 *Protezione della personalità e dei dati*

Il giudice del domicilio o della sede di una delle parti è competente per:
 a. le azioni per lesione della personalità;
 b. le istanze nell'ambito del diritto di risposta;
 c. le azioni di protezione del nome e di contestazione del cambiamento di nome;

d. le azioni e istanze secondo l'articolo 15 della legge federale del 19 giugno 1992 sulla protezione dei dati.

Materialien: Bundesrätlicher Entwurf, Art. 12; BBl 1999 2851 f.; Amtl. Bull. NR (1999) 1031; Amtl. Bull. StR (1999) 893.

1   Diese Bestimmung regelt die Zuständigkeit für Klagen aus Persönlichkeitsverletzung (Art. 28a ZGB), für Begehren um Gegendarstellung (Art. 28l ZGB), für Klagen auf Namensschutz (Art. 29 ZGB) und auf Anfechtung einer Namensänderung (Art. 30 Abs. 3 ZGB) sowie für Klagen und Begehren nach Art. 15 DSG. Am gleichen Gerichtsstand sind die mit den erwähnten Klagen verbundenen Begehren auf Schadenersatz, Genugtuung und Gewinnherausgabe zu erheben (BBl 1999 2852). Werden indes die reparatorischen Klagen nach Art. 28a Abs. 2 ZGB oder Art. 29 Abs. 2 ZGB nicht mit den erwähnten Klagen verbunden, gilt Art. 12 nicht. Diesfalls sind die allgemeinen Gerichtsstandsbestimmungen des GestG anwendbar.

2   Nichtstreitige Begehren auf Namensänderung im Zivilstandsregister (Art. 45 ZGB) sind am Registerort vorzutragen (Art. 14 GestG; vgl. BBl 1999 2852).

3   Bei Fehlen eines Wohnsitzes gilt Art. 4 als subsidiärer Gerichtsstand; die entsprechenden Klagen sind dann am Aufenthaltsort einer der Parteien einzureichen.

Art. 13   *Verschollenerklärung*

Für Begehren um Verschollenerkärung ist das Gericht am letzten bekannten Wohnsitz der verschwundenen Person zwingend zuständig.

Art. 13 *Déclaration d'absence*

Le tribunal du dernier domicile connu d'une personne disparue est impérativement compétent pour connaître des requêtes en déclaration d'absence.

Art. 13 *Dichiarazione di scomparsa*

Per le istanze di dichiarazione di scomparsa è imperativo il foro dell'ultimo domicilio conosciuto della persona scomparsa.

Materialien: Bundesrätlicher Entwurf, Art. 13; BBl 1999 2852; Amtl. Bull. NR (1999) 1031; Amtl. Bull. StR (1999) 893.

1 Diese Bestimmung entspricht Art. 35 Abs. 2 ZGB. Der Gerichtsstand am letzten bekannten Wohnsitz der verschwundenen Person gilt weiterhin. Es ist eine zwingende Gerichtsstandsbestimmung (BBl 1999 2852).

2 Der in Art. 35 Abs. 2 ZGB geregelte subsidiäre Gerichtsstand am Heimatort ist überholt. Hatte die verschwundene Person keinen Wohnsitz, so ist der Gerichtsstand am letzten bekannten Aufenthaltsort der verschwundenen Person massgeblich (Art. 4 GestG).

Art. 14 *Berichtigung des Zivilstandsregisters*

Für Begehren auf Berichtigung des Zivilstandsregisters ist das Gericht am Ort des Registers zwingend zuständig.

Art. 14 *Rectification des registres de l'état civil*

Le tribunal du lieu dans lequel est tenu le registre de l'état civil est impérativement compétent pour connaître des requêtes en rectification du registre.

Art. 14 *Rettifica dei registri dello stato civile*

Per le istanze di rettifica dei registri dello stato civile è imperativo il foro del luogo in cui essi sono tenuti.

Materialien: Bundesrätlicher Entwurf, Art. 14; BBl 1999 2852; Amtl. Bull. NR (1999) 1031; Amtl. Bull. StR (1999) 893.

1 Begehren um Berichtigung des Zivilstandsregisters (Art. 45 ZGB) gehören zwingend vor das Gericht am Registerort.

2 Dieser Gerichtsstand gilt auch für Begehren, welche eine erst nachträgliche Unrichtigkeit des Registers betreffen, selbst wenn der Anspruch nicht unmittelbar, sondern nur analog auf Art. 45 ZGB gestützt werden kann (BBl 1999 2852).

2. Abschnitt: Familienrecht
Section 2: Droit de la famille
Sezione 2: Diritto di famiglia

Art. 15 *Eherechtliche Begehren und Klagen*

[1] **Das Gericht am Wohnsitz einer Partei ist zwingend zuständig für:**

   a. **Eheschutzmassnahmen sowie für Gesuche um Änderung, Ergänzung oder Aufhebung der angeordneten Massnahmen;**
   b. **Klagen auf Ungültigerklärung, Scheidung oder Trennung der Ehe;**
   c. **Klagen über die güterrechtliche Auseinandersetzung, unter Vorbehalt von Artikel 18;**
   d. **Klagen auf Ergänzung oder Abänderung eines Scheidungs- oder Trennungsurteils.**

[2] **Für Begehren der Aufsichtsbehörde in Betreibungssachen um Anordnung der Gütertrennung ist das Gericht am**

Wohnsitz des Schuldners oder der Schuldnerin zwingend zuständig.

Art. 15   *Prétentions et actions fondées sur le droit du mariage*

¹ Le tribunal du domicile de l'une des parties est impérativement compétent pour connaître:
   a. des mesures protectrices de l'union conjugale et des demandes visant à modifier, compléter ou supprimer des mesures ordonnées;
   b. des actions en annulation du mariage, en divorce ou en séparation de corps;
   c. des actions en liquidation du régime matrimonial, sous réserve de l'art. 18;
   d. des actions visant à compléter ou modifier un jugement de divorce ou de séparation de corps.

² Le tribunal du domicile du débiteur est impérativement compétent pour connaître de la requête de l'autorité de surveillance de la poursuite en vue d'obtenir la séparation de biens.

Art. 15   *Istanze e azioni di diritto matrimoniale*

¹ Il foro del domicilio di una parte è imperativo per:
   a. le misure a tutela dell'unione coniugale, nonché le domande di modifica, completamento o revoca delle misure disposte;
   b. le azioni di nullità del matrimonio, di divorzio o di separazione dei coniugi;
   c. le azioni di liquidazione del regime dei beni, fatto salvo l'articolo 18;
   d. le azioni di completamento o di modifica di una sentenza di divorzio o di separazione dei coniugi.

² Per le istanze di separazione dei beni proposte dall'autorità di vigilanza in materia di esecuzione per debiti è imperativo il foro del domicilio del debitore.

Materialien: Bundesrätlicher Entwurf, Art. 16; BBl 1999 2853 f.; Amtl. Bull. NR (1999) 1031; Amtl. Bull. StR (1999) 893.

1 Der Entwurf zum GestG enthielt in Art. 15 noch eine Gerichtsstandsbestimmung für Klagen auf Untersagung des Eheschlusses. Mit Inkrafttreten des neuen Scheidungsrechts ist sie überflüssig geworden, weil es im neuen Eherecht kein Verkündungsverfahren mehr gibt. Folgerichtig haben beide Räte diese Bestimmung ersatzlos gestrichen (Amtl. Bull. NR [1999] 1031; Amtl. Bull. StR [1999] 893).

2 *Abs. 1:* Der alternative Gerichtsstand am Wohnsitz einer Partei ist zwingend. Im Bereich des Eherechts sind folglich Gerichtsstandsvereinbarungen weder vor noch nach entstandener Streitigkeit zulässig. Die klägerische Partei kann wählen, ob sie an ihrem eigenen Wohnsitz oder am Wohnsitz ihres Ehegatten oder Ex-Ehegatten klagen will.

3 *Buchstabe a:* Unter den weit auszulegenden Begriff *Eheschutz* sind nicht nur die Massnahmen nach Art. 172–178 ZGB (eigentlicher Eheschutz) zu subsumieren, sondern auch jene gemäss Art. 170 ZGB (Auskunftspflicht), Art. 185 f. ZGB (Anordnung der Gütertrennung) und Art. 203 Abs. 2 ZGB (Einräumung von Zahlungsfristen). Sodann fallen sämtliche Begehren betreffend die Änderung, Ergänzung oder Aufhebung solcher Eheschutzmassnahmen (Art. 179 Abs. 1 ZGB) unter Buchstabe a (BBl 1999 2853). Die Sicherstellung von Unterhaltsbeiträgen i.S.v. Art. 132 ZGB ist von Buchstabe a nicht erfasst, denn es handelt sich hierbei nicht um eine Eheschutzmassnahme, sondern um eine Vollstreckungsmassnahme.

4 *Buchstabe b* umfasst auch die Nebenfolgen (Güterrecht, Wohnung der Familie, nachehelicher Unterhalt, Kinderalimente, elterliche Sorge usw.) einer Ungültigkeits-, Scheidungs- oder Trennungsklage (vgl. zum Ganzen BBl 1999

2853). Vorbehalten bleiben streitige BVG-Sachen bei Scheidungen (Art. 142 Abs. 2 ZGB). Es fragt sich, ob Buchstabe b auch für die Scheidung oder Trennung auf gemeinsames Begehren anwendbar ist. Diese Frage dürfte zu bejahen sein *(Karl Spühler:* Neues Scheidungsverfahren, Zürich 1999, 23 mit weiteren Hinweisen).

5 *Buchstabe c:* Der Anwendungsbereich von Buchstabe c ist gering: Wird die güterrechtliche Auseinandersetzung im Rahmen eines Ungültigkeits- Scheidungs- oder Trennungsverfahrens durchgeführt, richtet sich die Zuständigkeit nach Buchstabe b. Unter Buchstabe c fällt demnach nur die güterrechtliche Auseinandersetzung, welche losgelöst vom eigentlichen Ungültigkeits- Scheidungs- oder Trennungsprozess ad separatum behandelt wird. Zudem ist der Vorbehalt von Art. 18 zu beachten. Bei güterrechtlichen Streitigkeiten infolge *Todes* eines Ehegatten ist Art. 18 anwendbar, weil es sich um eine Angelegenheit unter Erben (Erbengemeinschaft c. hinterbliebener Ehegatte) handelt (BBl 1999 2853).

6 *Buchstabe d* beschlägt die Abänderungs- und Ergänzungsklagen. Es geht dabei um die Herabsetzung, Aufhebung oder Einstellung der Rente i.S.v. Art. 129 ZGB bzw. um die Änderung der elterlichen Sorge sowie der Unterhaltsbeiträge für die Kinder gemäss Art. 134 ZGB.

7 Der Gerichtsstand für vorsorgliche Massnahmen bei Ungültigkeits-, Scheidungs- oder Trennungsklagen richtet sich nach Art. 33 (BBl 1999 2854). Das gilt auch für Scheidungs- und Trennungsverfahren auf gemeinsames Begehren.

8 *Abs. 2* übernimmt die Regel von Art. 190 Abs. 2 ZGB (BBl 1999 2854). Ist der Anteil am Gesamtgut eines in Gütergemeinschaft lebenden Ehegatten gepfändet worden, kann die Aufsichtsbehörde in Betreibungssachen beim Gericht am Wohnsitz des Schuldners die Anordung der Gütertrennung verlangen (Art. 189 ZGB).

9   Mit Inkrafttreten von Art. 15 wird Art. 135 ZGB des neuen Scheidungsrechts geändert. In Art. 135 ZGB wird neu auf das Gerichtsstandsgesetz verwiesen.

Art. 16 *Feststellung und Anfechtung des Kindsverhältnisses*

Für Klagen auf Feststellung oder Anfechtung des Kindsverhältnisses ist das Gericht am Wohnsitz einer Partei zurzeit der Geburt beziehungsweise der Adoption oder der Klage zwingend zuständig.

Art. 16 *Constatation et contestation de la filiation*

Le tribunal du domicile de l'une des parties au moment de la naissance, de l'adoption ou de l'action est impérativement compétent pour connaître de l'action en constatation ou en contestation de la filiation.

Art. 16 *Accertamento e contestazione della filiazione*

Per le azioni di accertamento o contestazione della filiazione è imperativo il foro del domicilio di una parte al momento del parto o dell'adozione oppure al momento dell'azione medesima.

Materialien: Bundesrätlicher Entwurf, Art. 17; BBl 1999 2854; Amtl. Bull. NR (1999) 1031; Amtl. Bull. StR (1999) 893.

1   Unter diese Bestimmung fallen die Anfechtungsklage gegen die Vaterschaftsvermutung (Art. 256 ZGB), die Anfechtungsklage der Eltern gegen die Vaterschaftsvermutung (Art. 258 ZGB), die Anfechtungsklage gegen die Vaterschaftsanerkennung bei Heirat der Eltern (Art. 259 Abs. 2 ZGB), die Anfechtungsklage gegen die Vaterschaftsanerkennung (Art. 260a ZGB) sowie die Anfechtungsklagen gegen die Adoption (Art. 269 und Art. 269a ZGB).

2 Die erwähnten Klagen können alternativ an folgenden Gerichtsständen erhoben werden: Die Klage nach Art. 256 ZGB am Wohnsitz des Kindes, des Ehemannes oder der Mutter, die Klage nach Art. 258 ZGB am Wohnsitz des Kindes, der Mutter oder der Mutter bzw. des Vaters des Ehemannes, die Klage nach Art. 259 Abs. 2 ZGB am Wohnsitz der Mutter, des Kindes bzw. seiner Nachkommen, des Ehemannes oder an der Heimat- oder Wohnsitzgemeinde des Ehemannes, die Klage nach Art. 260a ZGB am Wohnsitz des Kindes bzw. seiner Nachkommen, der Mutter oder bei der Heimat- oder Wohnsitzgemeinde des Anerkennenden und die Klagen gemäss Art. 269 und Art. 269a ZGB am Wohnsitz der Zustimmungsberechtigten der Adoption bzw. derjenigen Person, die ein Interesse hat oder bei der Heimat- bzw. Wohnsitzgemeinde.

3 Im Gesetzestext heisst es: «... zurzeit ... der Klage zwingend zuständig». Damit ist der Zeitpunkt des Eintritts der Rechtshängigkeit einer der erwähnten Klagen massgeblich, sofern Anknüpfungspunkt hierfür nicht die Adoption oder die Geburt ist.

4 Da es sich um einen zwingenden Gerichtsstand handelt, ist eine Gerichtsstandsvereinbarung weder im voraus noch nach entstandener Streitigkeit zulässig.

Art. 17 *Unterhalts- und Unterstützungsklagen*

Das Gericht am Wohnsitz einer Partei ist zwingend zuständig für:

a. Unterhaltsklagen der Kinder gegen ihre Eltern; vorbehalten bleibt die Festlegung des Unterhaltes im Rahmen der Artikel 15 und 16;

b. Klagen gegen unterstützungspflichtige Verwandte.

Art. 17 *Entretien et dette alimentaire*

Le tribunal du domicile de l'une des parties est impérativement compétent pour connaître:

a. des actions en entretien intentées par les enfants contre leurs parents; la fixation de l'entretien en application des art. 15 et 16 est réservée;
b. des actions intentées contre des parents tenus de fournir des aliments.

Art. 17 *Azioni di mantenimento e di assistenza*

Il foro del domicilio di una parte è imperativo per:

a. le azioni di mantenimento proposte dal figlio contro i genitori; rimane salva la determinazione del mantenimento nei casi contemplati dagli articoli 15 e 16;
b. le azioni per violazione dell'obbligo di assistenza fra parenti.

Materialien: Bundesrätlicher Entwurf, Art. 18; BBl 1999 2854; Amtl. Bull. NR (1999) 1031; Amtl. Bull. StR (1999) 893.

1   *Buchstabe a:* Dieser alternative Gerichtsstand gilt bei Unterhaltsstreitigkeiten zwischen Kindern und Eltern, und zwar nur dann, wenn die Unterhaltspflicht der Eltern gegenüber ihren Kindern in einem separaten Verfahren festgesetzt wird (BBl 1999 2854). Die örtliche Zuständigkeit bei Unterhaltsstreitigkeiten zwischen Ehegatten oder Ex-Ehegatten richtet sich demgegenüber nach Art. 15 (BBl 1999 2854).

2   Gemeint ist die Klage des Kindes gegen den Vater oder die Mutter oder gegen beide auf Leistung des Unterhalts für die Zukunft und für ein Jahr vor Klageerhebung (Art. 279 Abs. 1 ZGB). Es handelt sich um einen alternativen Gerichtsstand am Wohnsitz des Kindes, des Vaters bzw. der Mutter oder der Eltern. Wird die Unterhaltsstreitigkeit in einem eherechtlichen oder statusrechtlichen Verfahren erledigt, sind Art. 15 und 16 anwendbar (2. Halbsatz).

3   *Buchstabe b* regelt den Gerichtsstand für die Klage zur Durchsetzung der Verwandtenunterstützungspflicht (Art. 328 ff. ZGB, insbesondere Art. 329 Abs. 3 ZGB). Auch dieser Gerichtsstand ist alternativ und bestimmt sich nach dem Wohnsitz einer der Parteien.

4   Der Gerichtsstand ist zwingend und kann somit weder durch Vereinbarung noch durch Einlassung wegbedungen werden.

3. Abschnitt: Erbrecht
Section 3:   Droit successoral
Sezione 3:   Diritto successorio

Art. 18

¹ **Für erbrechtliche Klagen sowie für Klagen über die güterrechtliche Auseinandersetzung bei Tod eines Ehegatten ist das Gericht am letzten Wohnsitz des Erblassers oder der Erblasserin zuständig. Klagen über die erbrechtliche Zuweisung eines landwirtschaftlichen Gewerbes oder Grundstückes (Art. 11 ff. des Bundesgesetzes vom 4. Oktober 1991 über das bäuerliche Bodenrecht) können auch am Ort der gelegenen Sache erhoben werden.**

² **Für Massnahmen im Zusammenhang mit dem Erbgang ist die Behörde am letzten Wohnsitz des Erblassers oder der Erblasserin zuständig; ist der Tod nicht am Wohnsitz eingetreten, so macht die Behörde des Sterbeortes derjenigen des Wohnortes Mitteilung und trifft die nötigen Massnahmen zur Sicherung der Vermögenswerte am Sterbeort.**

Art. 18

¹ **Le tribunal du dernier domicile du défunt est compétent pour connaître des actions successorales ainsi que des actions en liquidation du régime matrimonial faisant suite du décès de l'un des conjoints. Les actions relatives à l'attribution successorale d'une exploitation ou d'un immeuble agricole (art. 11 ss de la loi fédé-**

rale du 4 octobre 1991 sur le droit foncier rural) peuvent aussi être portées devant le tribunal du lieu où l'objet est situé.

² Les autorités du dernier domicile du défunt sont compétentes pour prendre les mesures en rapport avec la dévolution; si le décès n'est pas survenu à ce domicile, l'autorité du lieu du décès communique le fait à l'autorité du domicile et prend les mesures nécessaires pour assurer la conservation des biens sis au lieu du décès.

Art. 18

¹ Per le azioni di diritto successorio nonché per quelle di liquidazione del regime dei beni in caso di morte di uno dei coniugi è competente il giudice dell'ultimo domicilio del defunto. Le azioni concernenti l'attribuzione ereditaria di un'azienda o di un fondo agricoli (art. 11 segg. della legge federale del 4 ottobre 1991 sul diritto fondiario rurale) possono essere proposte anche al giudice del luogo di situazione.

² Per le misure in relazione alla devoluzione dell'eredità è competente l'autorità dell'ultimo domicilio dell'ereditando; se la morte non è avvenuta nel luogo di domicilio, l'autorità del luogo del decesso ne avvisa quella del domicilio e prende le misure necessarie per la conservazione dei beni che si trovano nella sua circoscrizione.

Materialien: Bundesrätlicher Entwurf, Art. 19; BBl 1999 2855; Amtl. Bull. NR (1999) 1031 f.; Amtl. Bull. StR (1999) 893.

1 *Abs. 1* regelt im Bereich des Erbrechts den Gerichtsstand für die Verfahren der streitigen Gerichtsbarkeit. Unter den Begriff *erbrechtliche Klagen* fallen: die Erbschaftsklage (Art. 598 ff. ZGB), die Ungültigkeits- und Herabsetzungsklage (Art. 519 ff. und Art. 522 ff. ZGB), die Klage auf Ausrichtung eines Vermächtnisses (Art. 601 ZGB), die Teilungsklage (Art. 604 ZGB; vgl. zum Ganzen BBl 1999

Art. 18

2855), die Ausgleichungsklage (Art. 626 ff. ZGB) und die Anfechtung des Teilungsvertrages (Art. 638 ZGB). Der Gerichtsstand bei Klagen betreffend die güterrechtliche Auseinandersetzung beim Tod eines Ehegatten richtet sich ebenfalls nach Abs. 1 (BBl 1999 2855). Alle diese Klagen sind unabhängig vom Wohnsitz der Parteien am letzten Wohnsitz des Erblassers bzw. der Erblasserin zu erheben.

2 Der Gerichtsstand für Klagen über die erbrechtliche Zuweisung eines landwirtschaftlichen Gewerbes oder Grundstükkes (Art. 11 ff. BGBB) befindet sich alternativ auch am Ort der gelegenen Sache (Abs. 1 Satz 2).

3 Klagen gegen den Nachlass, die durch eine Betreibung nach Art. 49 SchKG ausgelöst werden, dürften unter Art. 18 fallen, wenn das SchKG den diesbezüglichen Gerichtsstand nicht regelt (vgl. N 6 zu Art. 1 GestG).

4 Der Gerichtsstand ist nicht zwingend. Eine Gerichtsstandsvereinbarung in einem Erbvertrag oder Erbteilungsvertrag ist zulässig. Demgegenüber kann der Erblasser bzw. die Erblasserin testamentarisch keinen anderen Gerichtsstand verfügen (vgl. N 7 zu Art. 9 GestG).

5 *Abs. 2* regelt die örtliche Zuständigkeit der kantonalen Behörde – eines Gerichts oder einer Verwaltungsbehörde –, die mit der *freiwilligen* Gerichtsbarkeit in Erbschaftssachen betraut ist (BBl 1999 2855). In vielen Kantonen, so auch im Kanton Zürich, ist für Erbschaftssachen der freiwilligen Gerichtsbarkeit der Einzelrichter im summarischen Verfahren zuständig (§ 215 Ziff. 16–29 ZPO). Unter Abs. 2 fallen folgende Verfahren: die Inventaraufnahme bei der Nacherbeneinsetzung (Art. 490 ZGB), die anschliessende Beurkundung eines Nottestamentes (Art. 507 ZGB), sichernde Massnahmen beim Erbgang (Siegelung, Inventar, Eröffnung der letztwilligen Verfügungen, Anordnung der Erbschaftsverwaltung, vgl. Art. 551 ff. ZGB), die Entgegennahme der Ausschlagungserklärung (Art. 570 ZGB), die Errichtung des

öffentlichen Inventars (Art. 580 ff. ZGB), die Durchführung der amtlichen Liquidation (Art. 595 ff. ZGB) und die Mitwirkung bei der Teilung (Art. 602 ZGB, Art. 609 ZGB und Art. 611 ZGB). Zuständig ist wiederum der Richter am letzten Wohnsitz des Erblassers oder der Erblasserin.

6 Fallen letzter Wohnsitz und Sterbeort auseinander, so ist die sachlich zuständige Behörde am Sterbeort örtlich zuständig, die nötigen Sicherungsmassnahmen mit Bezug auf die Vermögenswerte, die sich dort befinden, zu treffen (Siegelung, Inventar usw.). Diese Massnahmen sind keine vorsorglichen Massnahmen und fallen deshalb nicht unter Art. 33.

7 Da es sich bei Abs. 2 um Verfahren der freiwilligen Gerichtsbarkeit handelt, ist logischerweise eine Gerichtsstandsvereinbarung gar nicht möglich. Abs. 2 geht als lex specialis Art. 11 vor.

4. Abschnitt: Sachenrecht
Section 4: Droits réels
Sezione 4: Diritti reali

Art. 19 *Grundstücke*

¹ Das Gericht am Ort, an dem das Grundstück im Grundbuch aufgenommen ist oder aufzunehmen wäre, ist zuständig für:

a. dingliche Klagen;
b. Klagen gegen die Gemeinschaft der Stockwerkeigentümer und -eigentümerinnen;
c. andere Klagen, die sich auf das Grundstück beziehen, wie solche auf Übertragung von Grundeigentum oder auf Einräumung beschränkter dinglicher Rechte an Grundstücken; diese Klagen können auch beim Gericht am Wohnsitz oder Sitz der beklagten Partei erhoben werden.

² Bezieht sich eine Klage auf mehrere Grundstücke, so ist das Gericht am Ort zuständig, an dem das flächenmässig grösste Grundstück liegt.

Art. 19 *Immeubles*

¹ Le tribunal du lieu où est situé le registre foncier dans lequel un immeuble est immatriculé ou devrait l'être est compétent pour connaître:
   a. des actions réelles;
   b. des actions intentées contre la communauté des propriétaires par étage;
   c. des autres actions en rapport avec l'immeuble telle que l'action visant au transfert de la propriété foncière ou à la constitution de droits réels limités sur les immeubles; ces actions peuvent également être portées devant le tribunal du domicile ou du siège du défendeur.

² Lorsqu'une action concerne plusieurs immeubles, le tribunal compétent est celui du lieu où est situé l'immeuble ayant la plus grande surface.

Art. 19 *Fondi*

¹ Il giudice del luogo in cui il fondo è o dovrebbe essere intavolato nel registro fondiario è competente per:
   a. le azioni reali;
   b. le azioni contro la comunione dei proprietari per piani;
   c. le altre azioni inerenti al fondo, come quelle volte al trasferimento della proprietà fondiaria o al conferimento di diritti reali limitati su fondi; tali azioni possono essere proposte anche al giudice del domicilio o della sede del convenuto.

² Se l'azione concerne più fondi, è competente il giudice del luogo di situazione del fondo di maggiore estensione.

Materialien: Bundesrätlicher Entwurf, Art. 20; BBl 1999 2855 ff.; Amtl. Bull. NR (1999) 1032; Amtl. Bull. StR (1999) 893.

1 *Abs. 1:* Nach *Buchstabe a* ist der Gerichtsstand für *dingliche Klagen* – das sind die Klagen über dingliche Rechte oder über den Besitz an Grundstücken – am Ort der gelegenen Sache (BBl 1999 2855 f.). Massgebend ist, wo das Grundstück im Grundbuch aufgenommen ist oder aufzunehmen wäre (vgl. Art. 1–10a GBV). Unter Buchstabe a fallen folgende dingliche Klagen: die Eigentums- sowie die Eigentumsfreiheitsklage (rei vindicatio; actio negatoria; Art. 641 Abs. 2 ZGB), die Eigentumsfeststellungsklage, die Besitzesschutzklagen (Klage auf Besitzesentziehung, Art. 927 ZGB; Klage auf Besitzesstörung, Art. 928 ZGB), die Besitzesrechtsklage (Art. 934 Abs. 1 ZGB, Art. 936 Abs. 1 ZGB) und die Grundbuchberichtigungsklage (Art. 975 ZGB).

2 *Buchstabe b* regelt den Gerichtsstand für Klagen gegen die Stockwerkeigentümergemeinschaft. Die Bestimmung entspricht Art. 712l Abs. 2 ZGB (BBl 1999 2856). Darunter fallen lediglich Klagen gegen die Stockwerkeigentümergemeinschaft, welche die Verwaltung des Verwaltungsvermögens betreffen, wie z.B. die Geltendmachung von Gewährleistungsansprüchen aus Mängeln, deren Behebung in die Verwaltungstätigkeit der Stockwerkeigentümergemeinschaft fällt, die sie aber vom Bauherrn oder den Stockwerkeigentümern zessionsweise erwerben muss oder die Klage des Baurechtsgebers auf Bezahlung des Baurechtszinses, der zu den gemeinschaftlichen Lasten gehört *(Oscar Vogel:* Grundriss des Zivilprozessrechts, 6. A., Bern 1999, Kap. 5 N 8 mit Hinweisen auf BGE 114 II 239; 111 II 258; 109 II 426 und BGE 117 II 40).

3 Der Gerichtsstand für Klagen auf Ausdehnung der gemeinschaftlichen Teile von Stockwerkeigentum oder auf Berichtigung der Wertquote des einzelnen Stockwerkeigentümers richtet sich nicht nach Buchstabe b. Passivlegitimiert ist hier nicht die Stockwerkeigentümergemeinschaft, sondern es sind dies die einzelnen Stockwerkeigentümer in notwendi-

Art. 19

ger Streitgenossenschaft. Der Gerichtsstand bestimmt sich somit nach Art. 7 und befindet sich am Wohnsitz eines Stockwerkeigentümers. Die Klage auf Ausschluss aus der Stockwerkeigentümergemeinschaft (Art. 649b ZGB) betrifft eine Realobligation, womit sich die Zuständigkeit nach Buchstabe c richtet (BBl 1999 2856).

4 *Buchstabe c* sieht bei allen übrigen Klagen, die sich auf das Grundstück beziehen, einen Wahlgerichtsstand am Ort der gelegenen Sache oder am Wohnsitz oder Sitz der beklagten Partei vor. Es handelt sich um nicht-dingliche Klagen, also solche, die einen realobligatorischen Anspruch zum Gegenstand haben (z.B. Klagen aus Art. 679 ZGB gegen Überschreitung des Grundeigentumsrechts [Beseitigungs-, Präventiv- und Unterlassungsklage], Grenzscheidungsklage gemäss Art. 669 ZGB, Auseinandersetzung über ein vorgemerktes persönliches Recht i.S.v. Art. 959 ZGB) oder die gemischt sind (z.B. Klage aus Grundpfandrecht, wenn nicht nur das Pfandrecht, sondern auch die Höhe der Forderung streitig ist; BBl 1999 2856).

5 Unter Buchstabe c fallen sodann die obligatorischen (vertragsrechtlichen) Klagen, welche Grundstücke betreffen, wie insbesondere jene auf Übertragung von Grundeigentum oder auf Einräumung beschränkter dinglicher Rechte; ebenso z.B. auch die Schadenersatzklage nach Art. 679 ZGB bei Überschreitung des Grundeigentumsrechts. Der Bezug der Klage zum Grundstück muss eine gewisse Intensität aufweisen; ein bloss entfernter sachlicher Zusammenhang mit dem Grundstück genügt nicht (BBl 1999 2856 f.). Die Botschaft gibt hierzu ein Beispiel (BBl 1999 2857): Die Klage eines Unternehmers aus Reparaturarbeiten am Haus gegen den Grundeigentümer am Ort der gelegenen Sache wäre zulässig. Der Zusammenhang wäre aber ungenügend, würde sich die Klage gegen irgendeinen Dritten richten (z.B. gegen den Architekten), der weder das Eigentums- noch ein Nutzungs-

recht am Grundstück hat. Der Gerichtsstand nach Buchstabe c widerspricht nicht Art. 30 Abs. 2 BV.

6 *Abs. 2* gilt für zwei oder mehrere Grundstücke. Nicht geregelt ist indes der Fall, in dem das angesprochene (einzige Grundstück) in zwei verschiedenen Gerichtsbezirken liegt. Massgebend bleibt nach Absatz 1 der Ort der Hauptaufnahme des Grundstückes im Grundbuch, also der Ort, wo der grösste Teil liegt (vgl. Art. 6 GBV; BBl 1999 2857).

Art. 20 *Bewegliche Sachen*

Für Klagen über dingliche Rechte oder über den Besitz an beweglichen Sachen und über Forderungen, die durch Faustpfand oder Retentionsrecht gesichert sind, ist das Gericht am Wohnsitz oder Sitz der beklagten Partei oder am Ort, an dem die Sache liegt, zuständig.

Art. 20 *Biens meubles*

Le tribunal du domicile ou du siège du défendeur ou celui du lieu où l'objet est situé est compétent pour connaître des actions relatives à des droits réels sur des biens meubles ou à la possession de tels biens, ainsi que des prétentions garanties par nantissement ou droit de rétention.

Art. 20 *Cose mobili*

Per le azioni in materia di diritti reali mobiliari o di possesso di cose mobili e per le azioni in materia di crediti garantiti da pegno manuale o da diritto di ritenzione è competente il giudice del domicilio o della sede del convenuto o il giudice del luogo di situazione della cosa.

Materialien: Bundesrätlicher Entwurf, Art. 21; BBl 1999 2857; Amtl. Bull. NR (1999) 1032; Amtl. Bull. StR (1999) 893.

1 Für Klagen über dingliche Rechte oder über den Besitz an beweglichen Sachen und über Forderungen, die durch Faustpfand (Art. 884 ff. ZGB) oder Retentionsrecht (Art. 895 ff. ZGB) gesichert sind, ist alternativ das Gericht am Wohnsitz oder Sitz der beklagten Partei oder am Ort, an dem die Sache liegt, zuständig.

2 Die vorliegende Bestimmung gilt nicht für obligatorische Ansprüche, die mit einer beweglichen Sache im Zusammenhang stehen, ohne dass aber ein Faustpfand- oder ein Retentionsrecht bestehen würde.

5. Abschnitt: Klagen aus besonderen Verträgen
Section 5:   Actions fondées sur des contrats spéciaux
Sezione 5:   Azioni da contratti speciali

Art. 21 *Grundsatz*

[1] Auf die Gerichtsstände dieses Abschnittes können nicht zum Voraus oder durch Einlassung verzichten:

  a. **der Konsument oder die Konsumentin;**
  b. **die mietende oder pachtende Partei von Wohn- oder Geschäftsräumen;**
  c. **die pachtende Partei bei landwirtschaftlichen Pachtverhältnissen;**
  d. **die stellensuchende oder arbeitnehmende Partei.**

[2] Vorbehalten bleibt der Abschluss einer Gerichtsstandsvereinbarung nach Entstehung der Streitigkeit.

Art. 21 *Principe*

[1] Ne peuvent renoncer à l'avance ni par acceptation tacite aux fors prévus par la présente section:

  a. **le consommateur;**
  b. **le locataire ou le fermier de locaux d'habitation ou de locaux commerciaux;**

c. le fermier agricole;
d. le demandeur d'emploi et le travailleur.

² L'élection d'un for conclue après la naissance du différend est réservée.

Art. 21 *Principio*

¹ Non possono rinunciare ai fori di cui nella presente sessione, né a priori, né mediante costituzione in giudizio:

a. il consumatore;
b. il conduttore o l'affittuario di locali di abitazione o commerciali;
c. l'affittuario agricolo;
d. la persona in cerca d'impiego o il lavoratore.

² Rimane salva la proroga di foro pattuita dopo l'insorgere della controversia.

Materialien: Bundesrätlicher Entwurf, Art. 22; BBl 1999 2858 f.; Amtl. Bull. NR (1999) 1032; Amtl. Bull. StR (1999) 894; Amtl. Bull. NR (1999) 2410; Amtl. Bull. StR (2000) 27 f.; Amtl. Bull. NR (2000) 388 f.

1 Der Entwurf des Bundesrates sah in Art. 22 für Klagen aus Verträgen neben dem Wohnsitzgerichtsstand einen Gerichtsstand am Erfüllungsort vor. Das Parlament strich aber diese Bestimmung ersatzlos (Amtl. Bull. NR [1999] 1032; Amtl. Bull. StR [1999] 894). Die Streichung des Gerichtsstandes am Erfüllungsort ist unverständlich, denn dies widerspricht dem Sinn und Zweck des Gerichtsstandsgesetzes nach Aufhebung der Diskriminierung inländischer Kläger gegenüber ausländischen Klägern (vgl. Einleitung). Zudem wurde die Chance verpasst, diesbezüglich ein Gesetz mit modernen Gerichtsständen zu schaffen.

2 *Abs. 1:* Das grundsätzliche Verzichtsverbot bezieht sich auf Konsumentenverträge, Miet- und Pachtverträge von Wohn- und Geschäftsräumen, landwirtschaftliche Pachtverträge,

Arbeitsverträge und Stellenvermittlungsverträge. Damit steht fest, dass die in Art. 22–24 bestimmten Zuständigkeiten teilzwingender Natur sind. Wegen seines Ausnahmecharakters ist Abs. 1 restriktiv anzuwenden.

3 *Abs. 2:* Da die Gerichtsstände nach Art. 22–24 teilzwingender Natur sind, ist eine Gerichtsstandsvereinbarung systembedingt erst nach entstandener Streitigkeit zulässig. Gerichtsstandsklauseln, welche wesensgemäss im voraus abgeschlossen werden (z.B. in Abzahlungs- oder Leasingverträgen), sind somit nicht rechtmässig.

4 Nach dem strengen Gesetzeswortlaut ist eine Einlassung auf eine am falschen Ort erhobene Klage nicht möglich, weil damit der Schutzgedanke des teilzwingenden Gerichtsstandes mit Leichtigkeit unterlaufen würde. Die klagende Partei (Anbieter, Vermieter/Verpächter, Arbeitgeber usw.) könnte ihre Klage an einem ihr genehmen Ort anbringen und darauf spekulieren, dass der vielleicht unerfahrene Beklagte materiell darauf eingeht und sich somit am falschen Ort bindet (vgl. zum Konsumentengerichtsstand BBl 1999 2860).

Art. 22 *Verträge mit Konsumenten*

[1] Bei Streitigkeiten aus Konsumentenverträgen ist zuständig:

  a. für Klagen des Konsumenten oder der Konsumentin das Gericht am Wohnsitz oder Sitz einer der Parteien;
  b. für Klagen des Anbieters oder der Anbieterin das Gericht am Wohnsitz der beklagten Partei.

[2] Als Konsumentenverträge gelten Verträge über Leistungen des üblichen Verbrauchs, die für die persönlichen oder familiären Bedürfnisse des Konsumenten oder der Konsumentin bestimmt sind und von der anderen Partei im Rahmen ihrer beruflichen oder gewerblichen Tätigkeit angeboten werden.

Art. 22 *Contrats conclus avec des consommateurs*

¹ En cas de litige concernant les contrats conclus avec des consommateurs, le for est:
  a. celui du domicile ou du siège de l'une des parties lorsque l'action est intentée par le consommateur;
  b. celui du domicile du défendeur lorsque l'action est intentée par le fournisseur.

² Sont réputés contrats conclus avec des consommateurs les contrats portant sur une prestation de consommation courante destinée aux besoins personnels ou familiaux du consommateur et qui a été offerte par l'autre partie dans le cadre de son activité professionnelle ou commerciale.

Art. 22 *Contratti conclusi con consumatori*

¹ In materia di controversie derivanti da contratti conclusi con consumatori è competente:
  a. per le azioni del consumatore, il giudice del domicilio o della sede di una delle parti;
  b. per le azioni del fornitore, il giudice del domicilio del convenuto.

² Sono contratti conclusi con consumatori quelli su prestazioni di consumo corrente destinate al fabbisogno personale o familiare del consumatore e che sono offerte dall'altra parte nell'ambito della sua attività professionale o commerciale.

Materialien: Bundesrätlicher Entwurf, Art. 23; BBl 1999 2859 ff.; Amtl. Bull. NR (1999) 1032; Amtl. Bull. StR (1999) 894; Amtl. Bull. NR (1999) 2410 f.

1   Konsumentenrechtliche Streitigkeiten sind Auseinandersetzungen zwischen sog. Anbietern und Letztverbrauchern (Konsumenten) über Verträge des üblichen persönlichen oder familiären Gebrauchs (BBl 1999 2859).

2 *Abs. 1: Buchstabe a* sieht für die Klage eines Konsumenten einen Wahlgerichtsstand am Wohnsitz oder Sitz des Konsumenten (Klägers) bzw. am Wohnsitz oder Sitz des Anbieters (Beklagter) vor. Der Konsument hat nun in Übereinstimmung mit dem internationalen Recht einen alternativen Klägergerichtsstand am eigenen Wohnsitz (BBl 1999 2859).

3 *Buchstabe b:* Klagen des Anbieters sind demgegenüber beim Gericht am Wohnsitz oder Sitz des Konsumenten (beklagte Partei) zu erheben. Hier gilt der allgemeine Wohnsitzgerichtsstand (BBl 1999 2859).

4 *Abs. 2:* Die Definition des Konsumentenvertrages ist positiv umschrieben: Der Vertrag muss eine Leistung des Anbieters enthalten, die für die persönlichen oder familiären – also privaten – Bedürfnisse des Konsumenten bestimmt ist. Verträge zwischen Konsumenten sind keine Konsumentenverträge. Als Konsumentenverträge fallen etwa in Betracht: Haustürgeschäfte und ähnliche Verträge, Abzahlungs- und Vorauszahlungsverträge, Konsumkreditverträge, Verträge mit Kleinreisenden nach dem BG über die Handelsreisenden (SR 943.1) und Pauschalreiseverträge (BBl 1999 2860).

5 Sodann können Streitigkeiten aus Versicherungsverträgen Konsumentensachen sein und unter die vorliegende Bestimmung fallen. Als Konsument sind dann nicht nur der Versicherungsnehmer selbst, sondern auch die versicherte oder die begünstigte Person sowie die Rechtsnachfolger zu betrachten. Für Versicherungssachen enthält das GestG ansonsten keine Bestimmung (BBl 1999 2860 f.).

6 Streitigkeiten aus der Miete beweglicher Sachen, die dem Mieter zum persönlichen Gebrauch vermietet werden, sind Konsumentenstreitigkeiten. Der Gerichtsstand bestimmt sich nach der vorliegenden Bestimmung (BBl 1999 2862). Dient die bewegliche Mietsache nicht dem persönlichen Gebrauch, richtet sich die Zuständigkeit nach Art. 3.

Art. 23 *Miete und Pacht unbeweglicher Sachen*

¹ Für Klagen aus Miete und Pacht unbeweglicher Sachen sind die Schlichtungsbehörde und das Gericht am Ort der Sache zuständig.

² Für Klagen aus landwirtschaftlicher Pacht ist das Gericht am Wohnsitz oder Sitz der beklagten Partei oder am Ort der gepachteten Sache zuständig.

Art. 23 *Bail à loyer ou à ferme d'immeubles*

¹ Les autorités de conciliation et le tribunal du lieu où est situé l'immeuble sont compétents pour connaître des actions fondées sur un bail à loyer ou à ferme.

² Le tribunal du domicile ou du siège du défendeur ou le tribunal du lieu où est situé l'objet affermé est compétent pour connaître des actions fondées sur un bail à ferme agricole.

Art. 23 *Locazione e affitto di beni immobili*

¹ Per le azioni in materia di locazione e di affitto di beni immobili sono competenti l'autorità di conciliazione e il giudice del luogo di situazione della cosa locata o affittata.

² Per le azioni in materia di affitto agricolo è competente il giudice del domicilio o della sede del convenuto o il giudice del luogo di situazione della cosa affittata.

Materialien: Bundesrätlicher Entwurf, Art. 24; BBl 1999 2861 f.; Amtl. Bull. NR (1999) 1032 f.; Amtl. Bull. StR (1999) 894; Amtl. Bull. NR (1999) 2410 f.

1   Dieser Gerichtsstand gilt für Klagen aus Miete und Pacht *unbeweglicher* Sachen. Die örtliche Zuständigkeit für einen Streit aus der Miete *beweglicher* Sachen, die dem Mieter zum persönlichen Gebrauch vermietet werden, bestimmt sich nach Art. 22 (vgl. N 6 zu Art. 22 GestG).

2   *Abs. 1:* Die örtliche Zuständigkeit für Klagen aus Miete und Pacht unbeweglicher Sachen ist am Ort der gelegenen Sache. Dies gilt nicht nur für das sachlich zuständige Gericht, sondern auch für die Schlichtungsbehörde (Art. 274a OR für die Miete; Art. 301 OR für die Pacht).

3   Der Begriff *Klage aus Miete und Pacht* ist restriktiv auszulegen. Es fallen lediglich Streitigkeiten aus Vertragsklagen im Mietrecht (Art. 259h OR, Art. 259i OR, Art. 270 ff. OR und Art. 273 OR) darunter. Nicht erfasst sind Klagen aus unerlaubter Handlung (Art. 41 ff. OR), Klagen auf Eigentum bzw. Besitz und Klagen aus Gesellschaftsrecht, die irgendwie mit dem Miet- oder Pachtobjekt zusammenhängen.

4   Der Gerichtsstand ist bei Mieten von Wohn- und neu von *Geschäftsräumen* teilzwingend: Die mietende oder die pachtende Partei kann weder vor Ausbruch der Streitigkeit noch durch Einlassung auf die vorliegende Zuständigkeit verzichten (BBl 1999 2861 f.).

5   *Abs. 2* sieht für Klagen aus landwirtschaftlicher Pacht einen Wahlgerichtsstand am Wohnsitz oder Sitz der beklagten Partei bzw. am Ort der gepachteten Sache vor (BBl 1999 2862).

Art. 24   *Arbeitsrecht*

¹ Für arbeitsrechtliche Klagen ist das Gericht am Wohnsitz oder Sitz der beklagten Partei oder am Ort, an dem der Arbeitnehmer oder die Arbeitnehmerin gewöhnlich die Arbeit verrichtet, zuständig.

² Für Klagen einer stellensuchenden Person, eines Arbeitnehmers oder einer Arbeitnehmerin, die sich auf das Arbeitsvermittlungsgesetz vom 6. Oktober 1989 stützen, ist zusätzlich zum Gericht nach Absatz 1 das Gericht am Ort der Geschäftsniederlassung der vermittelnden oder verleihenden

Person, mit welcher der Vertrag abgeschlossen wurde, zuständig.

³ Bei vorübergehend entsandten Arbeitnehmern und Arbeitnehmerinnen ist zusätzlich zum Gericht nach den Absätzen 1 und 2 das Gericht am Entsendeort zuständig, soweit die Klage Ansprüche aus der Zeit der Entsendung betrifft.

Art. 24   *Droit du travail*

¹ Le tribunal du domicile ou du siège du défendeur ou le tribunal du lieu où le travailleur accomplit habituellement son travail est compétent pour connaître des actions fondées sur le droit du travail.

² Est également compétent, en plus du tribunal visé à l'al. 1, le tribunal du lieu de l'établissement commercial du bailleur de services ou de l'intermédiaire avec lequel le contrat a été conclu, lorsque l'action du demandeur d'emploi ou celle du travailleur se fonde sur la loi du 6 octobre 1989 sur le service de l'emploi et la location de services.

³ Est également compétent, en plus des tribunaux visés aux al. 1 et 2, le tribunal du lieu où le travailleur est détaché temporairement pour autant que l'action concerne des prétentions nées durant cette mission.

Art. 24   *Diritto del lavoro*

¹ Per le azioni in materia di diritto del lavoro è competente il giudice del domicilio o della sede del convenuto o il giudice del luogo in cui il lavoratore svolge abitualmente il lavoro.

² Per le azioni fondate sulla legge federale del 6 ottobre 1989 sul collocamento, proposte da una persona in cerca di impiego o da un lavoratore, oltre al giudice di cui al capoverso 1 è competente anche il giudice del luogo del domicilio d'affari del collocatore o del prestatore con cui è stato concluso i contratto.

³ In caso di trasferimento temporaneo del lavoratore, oltre al giudice di cui ai capoversi 1 e 2 è competente anche il giudice del luo-

go di destinazione, per quanto l'azione riguardi pretese sorte in tale periodo.

Materialien: Bundesrätlicher Entwurf, Art. 25; BBl 1999 2862 f.; Amtl. Bull. NR (1999) 1033; Amtl. Bull. StR (1999) 894; Amtl. Bull. NR (1999) 2410 f.

1   *Abs. 1:* Der Begriff *arbeitsrechtliche Streitigkeiten* ist weit auszulegen. Darunter fallen Streitigkeiten über Ansprüche, die ihren Rechtsgrund in einem Einzelarbeitsvertrag i.S.v. Art. 319 OR, einschliesslich des faktischen Vertragsverhältnisses gemäss Art. 320 Abs. 2 und 3 OR haben (vgl. zum alten Art. 343 OR *Adrian Staehelin,* in: Gauch/Schmid (Hg.), Zürcher Kommentar zum Obligationenrecht, Teilband V 2c, Der Arbeitsvertrag, 3. A., Zürich 1996, N 5 zu Art. 343 OR). Abs. 1 ist auch bei der Frage anwendbar, ob zwischen den Parteien ein Arbeitsvertrag vereinbart worden ist oder nicht, ebenso bei Ansprüchen aus einem beendeten Arbeitsverhältnis (vgl. zum alten Art. 343 OR *Staehelin,* a.a.O., N 6 zu Art. 343 OR). Keine arbeitsrechtlichen Streitigkeiten sind Streitigkeiten zwischen den Arbeitnehmern untereinander.

2   Unerheblich ist, ob der arbeitsrechtliche Streit eine Frage des OR oder eines Spezialgesetzes (Gleichstellungsgesetz, SR 151; Mitwirkungsgesetz, SR 822.14; Arbeitsvermittlungsgesetz, SR 823.11) betrifft (BBl 1999 2862).

3   Abs. 1 ist nur auf Streitigkeiten zwischen Arbeitgebern und Arbeitnehmern (auch höhere Angestellte) und ihrer Rechtsnachfolger anzuwenden (vgl. zum alten Art. 343 OR *Staehelin,* a.a.O., N 11 zu Art. 343 OR).

4   Der *gewöhnliche Arbeitsort* entspricht dem Betriebs- oder Haushaltsort. Betrieb ist jede mit Betriebseinrichtungen ausgestattete Organisationseinheit des Arbeitgebers, die mit einem bestimmten Ort auf beschränkte oder unbeschränkte

Dauer verbunden ist (BGE 114 II 354 ff. E. 1). An die geschäftliche und wirtschaftliche Selbständigkeit sind keine grossen Anforderungen zu stellen (vgl. zum alten Art. 343 OR *Staehelin,* a.a.O., N 18 zu Art. 343 OR). Der Haushaltsort muss nicht mit dem Wohnsitz des Arbeitgebers identisch sein. Zudem ist nicht erforderlich, dass der Arbeitnehmer mit dem Arbeitgeber in Hausgemeinschaft lebt; der Arbeitnehmer muss nur für den betreffenden Haushalt tatsächlich Arbeit geleistet haben (vgl. zum alten Art. 343 OR *Staehelin,* a.a.O., N 18 zu Art. 343 OR).

5 *Abs. 2:* Eine auf das Arbeitsvermittlungsgesetz (SR 823.11) sich stützende Klage eines Stellenbewerbers bzw. Arbeitnehmers kann neben den Gerichtsorten nach Abs. 1 zusätzlich am Ort der Geschäftsniederlassung der vermittelnden oder verleihenden Person, mit welcher der Vertrag abgeschlossen wurde, erhoben werden. Es bestehen in diesen Fällen somit regelmässig drei alternative Gerichtsstände.

6 Gemäss dem Wortlaut von Abs. 2 kann sich nur der Stellenbewerber bzw. Arbeitnehmer auf diesen Gerichtsstand berufen. Der Gerichtsstand bei einer Klage des Arbeitsvermittlers bzw. -verleihers bestimmt sich demnach nach Abs. 1 (BBl 1999 2862).

7 Streitigkeiten zwischen dem Arbeitsverleiher und dem Einsatzbetrieb sind keine arbeitsrechtlichen Streitigkeiten, womit für solche Art. 3 zur Bestimmung des Gerichtsstandes anwendbar ist (BBl 1999 2862 f.).

8 *Abs. 3:* Streitigkeiten zwischen dem Arbeitgeber und entsandten Arbeitnehmern können – zusätzlich zu den Gerichtsständen nach Abs. 1 und 2 – auch am Entsendeort gerichtlich ausgetragen werden. Als Entsendeort gilt der vorübergehende Einsatzort (BBl 1999 2863). Am Entsendeort können aber nur zeitlich damit zusammenhängende Streitigkeiten beurteilt werden.

9   Die Gerichtsstände gemäss Abs. 1–3 sind teilzwingender Natur. Sie können weder im voraus durch Vereinbarung noch durch Einlassung wegbedungen werden (BBl 1999 2863).

6. Abschnitt: Klagen aus unerlaubter Handlung
Section 6: Actions fondées sur un acte illicite
Sezione 6: Azioni da atto illecito

Art. 25 *Grundsatz*

Für Klagen aus unerlaubter Handlung ist das Gericht am Wohnsitz oder Sitz der geschädigten Person oder der beklagten Partei oder am Handlungs- oder am Erfolgsort zuständig.

Art. 25 *Principe*

Le tribunal du domicile ou du siège de la personne ayant subi le dommage ou du défendeur ou le tribunal du lieu de l'acte ou du résultat de celui-ci est compétent pour connaître des actions fondées sur un acte illicite.

Art. 25 *Principio*

Per le azioni da atto illecito è competente il giudice del domicilio o della sede del danneggiato o del convenuto o il giudice del luogo dell'atto o dell'evento.

Materialien: Bundesrätlicher Entwurf, Art. 26; BBl 1999 2863 ff.; Amtl. Bull. NR (1999) 1033; Amtl. Bull. StR (1999) 894 f.; Amtl. Bull. NR (1999) 2411.

1   Für Klagen aus unerlaubter Handlung ist *alternativ* das Gericht am Wohnsitz oder Sitz der beklagten Partei oder am Handlungs- oder am Erfolgsort zuständig.

2   Der Begriff *unerlaubte Handlung* ist weit auszulegen: Darunter fallen alle Verhalten, die gegen eine Rechtsnorm, d.h.

gegen eine zwingende Regel über das Verhalten gegenüber anderen Personen, verstossen (BGE 122 III 176 E. 7b). Gleichgültig ist, ob diese Vorschrift der Rechtsordnung im Privatrecht, im Bundesrecht oder im kantonalen Recht enthalten ist, ob der Rechtssatz ausdrücklich aufgestellt ist oder ob es sich um eine ungeschriebene Norm der Rechtsordnung handelt *(Guhl/Koller:* Das Schweizerische Obligationenrecht, 9. A., Zürich 2000, § 24 N 2).

3 Es erhebt sich die Frage, ob die vorliegende Gerichtsstandsbestimmung lediglich bei unerlaubten *Handlungen* oder auch bei unerlaubten *Unterlassungen* anwendbar ist. Im allgemeinen Haftpflichtrecht wird die Unterlassung als eigentliche Schadensursache qualifiziert, wenn in einem konkreten Schadensfall eine Pflicht zum Handeln bestanden und die Vornahme der Handlung den Eintritt des Schadens verhindert hätte (BGE 121 III 358 E. 5). Sind diese Voraussetzungen erfüllt, fallen auch unerlaubte Unterlassungen unter den Begriff der unterlaubten Handlung i.S.v. Art. 25.

4 Unerheblich ist, ob ein Tatbestand nach Art. 41 ff. OR oder einer Kausal- oder Gefährdungshaftung der Spezialgesetze erfüllt ist. Die vorliegende Gerichtsstandsbestimmung erfasst überdies alle ausservertraglichen Rechtsverletzungen (also auch die Verletzungstatbestände des Immaterialgüterrechts, die Tatbestände des unlauteren Wettbewerbs und die unzulässigen Wettbewerbsbehinderungen nach Kartellgesetz; vgl. BBl 1999 2864).

5 Die Ansprüche aus ungerechtfertigter Bereicherung oder aus Geschäftsführung ohne Auftrag sind nicht als unerlaubte Handlungen zu verstehen. Sie gehören an den allgemeinen Gerichtsstand, es sei denn, sie würden annexweise zu einem Hauptanspruch, für den ein spezieller Gerichtsstand besteht, geltend gemacht (BBl 1999 2865).

6   Die Zuständigkeit gilt für alle Klagen, deren Fundament in der unerlaubten Handlung liegt: so z.B. für die Klage des Geschädigten gegen den Haftpflichtversicherer, aber auch für die Auseinandersetzung um den Regress unter den Schädigern (BBl 1999 2865).

7   Zum Begriff *Handlungs- bzw. Erfolgsort* gibt die Botschaft ein anschauliches Beispiel (BBl 1999 2864): «So gilt z.B. im Falle einer Gewässerverschmutzung der Ort, wo das fragliche Abflussrohr einer Fabrik in den Fluss mündet, als Handlungsort (Tatort bzw. Unfallort), und der weiter entfernte Ort, wo das vergiftete Flusswasser bei der Bewässerung von Feldern zu Ernteausfällen führt, als Erfolgsort». Vielfach decken sich Handlungs- und Erfolgsort, so bei allen Schäden, die unmittelbar am Tatort selber auftreten (z.B. eingeschlagene Fensterscheibe bei einem Einbruch). *Handlungsort* ist somit der Ort, an dem die unerlaubte Handlung begangen oder unterlassen wird. *Erfolgsort* ist der Ort, an dem das schädigende Ereignis eingetreten ist.

Art. 26   *Motorfahrzeug- und Fahrradunfälle*

[1] **Für Klagen aus Motorfahrzeug- und Fahrradunfällen ist das Gericht am Unfallort oder am Wohnsitz oder Sitz der beklagten Partei zuständig.**

[2] **Für Klagen gegen das nationale Versicherungsbüro (Art. 74 des Strassenverkehrsgesetzes vom 19. Dezember 1958; SVG) oder gegen den nationalen Garantiefonds (Art. 76 SVG) ist zusätzlich zum Gericht nach Absatz 1 das Gericht am Ort einer Zweigniederlassung dieser Einrichtungen zuständig.**

Art. 26   *Accidents de véhicules à moteur et de bicyclettes*

[1] **En matière d'accidents de véhicules à moteur et de bicyclettes, le for est celui du lieu de l'accident ou du domicile ou du siège du défendeur.**

² En plus du tribunal mentionné à l'al. 1, est également compétent pour les actions dirigées contre le bureau national d'assurance (art. 74 de la loi fédérale du 19 septembre 1958 sur la circulation routière; LCR) ou contre le fonds national de garantie (art. 76 LCR), le tribunal du siège d'une succursale du défendeur.

Art. 26 *Incidenti di cicli e veicoli a motore*

¹ Per le azioni in materia di incidenti di cicli e veicoli a motore è competente il giudice del luogo dell'incidente o il giudice del domicilio o della sede del convenuto.

² Se l'azione è diretta contro l'Ufficio nazionale di assicurazione (art. 74 della legge federale del 19 dicembre 1958 sulla circolazione stradale, LCStr) o contro il Fondo nazionale di garanzia (art. 76 LCStr), oltre al giudice di cui al capoverso 1 è competente anche il giudice del luogo di una delle loro succursali.

Materialien: Bundesrätlicher Entwurf, Art. 27; BBl 1999 2865 f.; Amtl. Bull. NR (1999) 1033; Amtl. Bull. StR (1999) 895; Amtl. Bull. NR (1999) 2411; Amtl. Bull. StR (2000) 28; Amtl. Bull. NR (2000) 388 f.

1 *Abs. 1:* Für Klagen aus Strassenverkehrsunfällen ist das Gericht am *Unfallort*, also am Ort, an dem sich der Unfall zugetragen hat, zuständig. Bei Spätfolgen eines Unfalls kann der Geschädigte weiterhin am Unfallort die Klage gegen den Schädiger einreichen. Der zusätzliche Gerichtsstand am Wohnsitz oder Sitz der beklagten Partei ist alternativ (BBl 1999 2865).

2 Unerheblich ist der *Erfolgsort*. Dies war lange Zeit im Parlament umstritten, weil der Nationalrat ursprünglich für Strassenverkehrsunfälle zusätzlich einen Gerichtsstand am Erfolgsort vorsah (Amtl. Bull. NR [1999] 1033). Im Rahmen des Differenzenbereinigungsverfahrens verzichtete der Nationalrat in der Frühjahrssession 2000 auf den Gerichtsstand am Erfolgsort (Amtl. Bull. NR [2000] 388 f.).

3   *Abs. 2* behandelt die Zuständigkeit bei Klagen gegen das Nationale Versicherungsbüro (NVB) bzw. gegen den Nationalen Garantiefonds (NGF).

Art. 27 *Massenschäden*
Bei Massenschäden ist das Gericht am Handlungsort zwingend zuständig; bei unbekanntem Handlungsort ist das Gericht am Wohnsitz oder Sitz der beklagten Partei zuständig.

Art. 27 *Dommages collectifs*
En cas de dommages collectifs, le tribunal du lieu de l'acte est impérativement compétent; si ce lieu n'est pas connu, le tribunal du domicile ou du siège du défendeur est compétent.

Art. 27 *Danni da incidenti rilevanti*
In materia di danni da incidenti rilevanti è imperativo il foro del luogo dell'atto; se tale luogo è sconosciuto, è competente il giudice del domicilio o della sede del convenuto.

Materialien: Bundesrätlicher Entwurf, Art. 28; BBl 1999 2866 f.; Amtl. Bull. NR (1999) 1033; Amtl. Bull. StR (1999) 895.

1   Unter dem Begriff *Massenschäden* sind Ereignisse zu verstehen, bei denen eine grössere Zahl von Menschen betroffen ist. Der Begriff *Masse* ist im Einzelfall durch Auslegung zu konkretisieren. Entscheidend ist dabei nicht die gesamte Schadenssumme, sondern allein die Zahl der geschädigten Menschen (und damit der möglichen Verfahren). Es genügt nicht, wenn mehrere Geschädigte auftreten, sondern es muss sich um eine grössere Anzahl von Personen handeln, die zusammengenommen bildlich als Menschenmenge wahrgenommen werden (BBl 1999 2866). Die Mindestzahl an Per-

sonen kann je nach Ereignis variieren, sie dürfte regelmässig über 20 liegen.

2   Massenschäden entstehen z.B. bei Gross-Katastrophen wie bei Kernreaktor-Unfällen, bei Explosionen von Tankzügen, beim Einsturz einer Fussballtribüne oder des Daches eines Schwimmbades, beim Bruch eines Staudammes oder beim Brand eines Hotels. Auch grössere Verkehrsunfälle (Massenkarambolagen auf der Autobahn, grosse Eisenbahnunfälle) können darunter fallen (BBl 1999 2866).

3   Es liegt im Interesse der Sache (Beweisnähe, Vermeidung widersprüchlicher Urteile, Aktenkenntnis des Gerichts), dass sämtliche Ansprüche aus dem Unfallgeschehen durch ein und dasselbe Gericht am nämlichen Ort beurteilt werden. Deshalb ist der vorliegende Gerichtsstand zwingend (BBl 1999 2867).

4   Die Zuständigkeit für Massenschäden liegt beim Handlungsort, also beim Ort des ursächlichen Geschehens (Tatort bzw. Unfallort). Er muss sich nicht unbedingt mit dem Erfolgsort decken: Eine Giftgaswolke, die aus einem Fabrikkamin in Basel entweicht, verursacht bei den Einwohnern in Basel und im Aargau Gesundheitsschäden. Für die Einwohner in Basel deckt sich der Handlungs- mit dem Erfolgsort, für die Aargauer hingegen nicht. Sie müssten in Basel klagen (vgl. Beispiel aus Botschaft [BBl 1999 2867]).

5   Eine Ausnahme vom Gerichtsstand des Handlungsortes wurde für den Fall vorgesehen, bei dem der Handlungsort nicht oder nicht genau bestimmt werden kann. Hier besteht ein zwingender Gerichtsstand am Wohnsitz oder Sitz der beklagten Partei.

Art. 28 *Adhäsionsklage*

Die Zuständigkeit des Strafgerichts für die Beurteilung der Zivilansprüche bleibt vorbehalten.

Art. 28 *Conclusions civiles*

La compétence du juge pénal de statuer sur les conclusions civiles est réservée.

Art. 28 *Azione civile nel processo penale*

È fatta salva la competenza del giudice penale per il giudizio delle pretese civili.

Materialien: Bundesrätlicher Entwurf, Art. 29; BBl 1999 2867; Amtl. Bull. NR (1999) 1034; Amtl. Bull. StR (1999) 895; Amtl. Bull. NR (1999) 2411.

1   Hier wird die Zuständigkeit des Strafgerichts für die Adhäsionsklage des Geschädigten, mit welcher die zivilrechtlichen Ansprüche auch im Strafprozess gegen den Schädiger geltend gemacht werden können, vorbehalten (BBl 1999 2867). Es gilt somit weiterhin das OHG und das kantonale Recht.

7. Abschnitt: Handelsrecht
Section 7:   Droit commercial
Sezione 7:   Diritto commerciale

Art. 29 *Gesellschaftsrecht*

Für Klagen aus gesellschaftsrechtlicher Verantwortlichkeit ist das Gericht am Wohnsitz oder Sitz der beklagten Partei oder am Sitz der Gesellschaft zuständig.

Art. 29 *Droit des sociétés*

Le tribunal du domicile ou du siège du défendeur ou le tribunal du siège de la société est compétent pour connaître des actions en responsabilité fondées sur le droit des sociétés.

Art. 29 *Diritto societario*

Per le azioni di responsabilità in materia di diritto societario è competente il giudice del domicilio o della sede del convenuto o il giudice della sede della società.

Materialien: Bundesrätlicher Entwurf, Art. 30; BBl 1999 2867 f.; Amtl. Bull. NR (1999) 1034; Amtl. Bull. StR (1999) 895.

1 Für Verantwortlichkeitsklagen gelten die *alternativen* Gerichtsstände am Sitz der Gesellschaft oder am Wohnsitz bzw. Sitz der beklagten Partei. Unter den Begriff *Verantwortlichkeitsklagen* fallen alle Verantwortlichkeitsklagen im Gesellschaftsrecht, wie die aktienrechtlichen Klagen nach Art. 752 OR (Prospekthaftung), Art. 753 OR (Gründungshaftung), Art. 754 OR (Verwaltungs- und Geschäftsführungshaftung) sowie Art. 755 OR (Haftung der Revisionsstelle), die Verantwortlichkeitsklage bei der Kommanditaktiengesellschaft (Art. 769 OR), die Verantwortlichkeitsklage bei der GmbH (Art. 827 OR), die Verantwortlichkeitsklage bei der Genossenschaft (Art. 916 ff. OR) und die Verantwortlichkeitsklage beim Verein (Art. 55 Abs. 3 ZGB). Der Gerichtsstand gilt auch für Regressansprüche. Massgebend ist der im Handelsregister eingetragene statutarische Sitz im Zeitpunkt der Klageerhebung.

2 Die frühere Rechtsprechung, wonach Rechtsnachfolger einer verantwortlichen Person ebenfalls am Sitz der Gesellschaft eingeklagt werden können (BGE 123 III 94 E. 3), gilt weiterhin (BBl 1999 2868).

3 Für alle übrigen gesellschaftsrechtlichen Klagen (GV-Anfechtung, Klage auf Auskunft und Einsicht, Sonderprüfungsklagen, Auflösungsklagen usw.) gilt der allgemeine Gerichtsstand nach Art. 3 Abs. 1 lit. b (Gerichtsstand am Sitz der Gesellschaft).

4 Der Entwurf zum Fusionsgesetz vom 14. Februar 2000 sieht einen neuen Art. 29a GestG vor: «Für Klagen, die sich auf das Bundesgesetz über Fusion, Spaltung, Umwandlung und Vermögensübertragung stützen, ist das Gericht am Sitz einer der beteiligten Rechtsträger zuständig». Es ist ein alternativer Gerichtsstand.

Art. 30 *Kraftloserklärung von Wertpapieren und Zahlungsverbot*

[1] **Für die Kraftloserklärung von Aktien ist das Gericht am Sitz der Aktiengesellschaft und für die Kraftloserklärung der übrigen Wertpapiere das Gericht am Wohnsitz oder Sitz des Schuldners oder der Schuldnerin zuständig.**

[2] **Für Zahlungsverbote aus Wechsel und Check und für deren Kraftloserklärung ist das Gericht am Zahlungsort zuständig.**

Art. 30 *Annulation des papiers-valeurs et interdicition de payer*

[1] **Le tribunal du siège de la société anonyme est compétent pour prononcer l'annulation des actions et le tribunal du domicile ou du siège du débiteur pour prononcer celle des autres papiers-valeurs.**

[2] **Le tribunal du lieu dans lequel le paiement doit être effectué est compétent pour prononcer l'interdiction de payer un effet de change ou un chèque ou pour en prononcer l'annulation.**

Art. 30 *Ammortamento di titoli di credito e divieto di pagamento*

[1] **Per l'ammortamento di azioni della società anonima è competente il giudice della sede della società e per l'ammortamento dei rimanenti titoli di credito il giudice del domicilio o della sede del debitore.**

[2] **Per il divieto di pagamento in materia di cambiali e assegni bancari e per il loro ammortamento è competente il giudice del luogo del pagamento.**

Materialien: Bundesrätlicher Entwurf, Art. 31; BBl 1999 2868; Amtl. Bull. NR (1999) 1034; Amtl. Bull. StR (1999) 895.

1 Die gerichtlichen Anordnungen von Kraftloserklärungen und Zahlungsverboten sind Tatbestände der freiwilligen Gerichtsbarkeit. Sie bedürfen aus Praktikabilitätsgründen einer ausdrücklichen Regelung und weichen von Art. 11 ab (BBl 1999 2868). Art. 11 ist wegen seines Vorbehaltes nicht anwendbar (vgl. N 1 zu Art. 11 GestG).

2 *Abs. 1:* Für Kraftloserklärungen von Aktien ist das Gericht am Sitz der AG und für Kraftloserklärungen der übrigen Wertpapiere das Gericht am Wohnsitz oder Sitz des Schuldners oder der Schuldnerin zuständig (vgl. Art. 977 OR; Art. 981 OR).

3 *Abs. 2:* Zahlungsverbote aus Wechsel und Check und deren Kraftloserklärung sind beim Gericht am Zahlungsort durchzusetzen (vgl. Art. 982 OR; Art. 1072 OR). In diesem Zusammenhang wird Art. 1072 Abs. 1 OR neu formuliert: «Derjenige, dem ein Wechsel abhanden gekommen ist, kann beim Richter verlangen, dass dem Bezogenen die Bezahlung des Wechsels verboten werde».

Art. 31 *Anleihensobligationen*

Für die Ermächtigung zur Einberufung der Gläubigerversammlung bei Anleihensobligationen ist das Gericht des gegenwärtigen oder des letzten Wohnsitzes oder der geschäftlichen Niederlassung des Schuldners oder der Schuldnerin zuständig.

Art. 31 *Emprunt par obligations*

Le tribunal du domicile actuel ou du dernier domicile du débiteur ou, le cas échéant, celui du lieu de son établissement industriel ou

commercial est compétent pour autoriser la convocation de l'assemblée des créanciers en cas d'emprunt par obligations.

Art. 31 *Prestiti in obbligazioni*

Per l'autorizzazione a convocare l'assemblea degli obbligazionisti in caso di prestiti in obbligazioni è competente il giudice del domicilio attuale, dell'ultimo domicilio o del domicilio d'affari del debitore.

Materialien: Bundesrätlicher Entwurf, Art. 32; BBl 1999 2868; Amtl. Bull. NR (1999) 1034; Amtl. Bull. StR (1999) 895.

1 Für die richterliche Ermächtigung eines Gläubigers zur Einberufung der Gläubigerversammlung bei Anleihensobligationen (Art. 1165 Abs. 3 OR) ist die Zuständigkeit am gegenwärtigen oder am letzten Wohnsitz oder an der Geschäftsniederlassung des Schuldners bzw. der Schuldnerin. Es ist ein alternativer Gerichtsstand. Bei der vorliegenden Streitigkeit handelt es sich wiederum um einen Tatbestand der freiwilligen Gerichtsbarkeit. Art. 11 ist nicht anwendbar, weil diese Regel andere Gerichtsstandsbestimmungen betreffend die freiwillige Gerichtsbarkeit (also wie die vorliegende) vorbehält (vgl. N 1 zu Art. 11 GestG).

Art. 32 *Anlagefonds*

Für Klagen der Anleger gegen die Fondsleitung, die Depotbank, den Vertriebsträger, den Revisions- oder Liquidationsbeauftragten, den Schätzungsexperten, die Vertretung der Anlegergemeinschaft, den Beobachter sowie gegen den Sachwalter eines Anlagefonds ist das Gericht am Sitz der Fondsleitung zwingend zuständig.

Art. 32 *Fonds de placement*

Le tribunal du siège de la direction du fonds est impérativement compétent pour connaître des actions des investisseurs contre la direction, la banque dépositaire, le distributeur, le réviseur, le liquidateur, les experts chargés des estimations, la représentation de la communauté des investisseurs, l'observateur ou le gérant d'un fonds de placement.

Art. 32 *Fondi d' investimento*

Per le azioni degli investitori contro la direzione del fondo, la banca depositaria, il distributore, l'ufficio di revisione, il liquidatore, i periti incaricati della stima, il rappresentante della comunità degli investitori, l'osservatore nonché contro il gerente di un fondo d'investimento è imperativo il foro della sede della direzione del fondo.

Materialien: Bundesrätlicher Entwurf, Art. 33; BBl 1999 2868; Amtl. Bull. NR (1999) 1034; Amtl. Bull. StR (1999) 895.

1 Für die Klagen der Anleger ist das Gericht am Sitz der Fondsleitung zwingend zuständig. Es handelt sich primär um Verantwortlichkeitsklagen gegen die Fondsleitung, Depotbank, Vertriebsträger, Revisoren, Schätzungsexperten, Vertreter der Anlegergemeinschaft, Liquidatoren oder Beobachter bzw. Sachwalter eines Anlagefonds i.S.v. Art. 65 AFG.

2 Das Gesetz spricht nur von der Klage der *Anleger.* Der Gerichtsstand gilt aber auch für Klagen des Vertreters der Anlegergemeinschaft. Dieser vertritt die gemeinsamen Rechte der Anlegergesamtheit (vgl. zum alten Art. 68 AFG *Andreas von Planta:* Zu den Art. 65–68 AFG, in: Vogt/Watter (Hg.), Kommentar zum Schweizerischen Kapitalmarktrecht, Basel/Genf/München 1999, N 4 zu Art. 68 AFG).

3 Der vorliegende Gerichtsstand gilt überdies für Regressansprüche der verantwortlichen Beteiligten *(von Planta, a.a.O., N 5 zu Art. 68 AFG).*

4 Gemäss Art. 9 Abs. 1 AFG muss die Fondsleitung eine AG mit Sitz und Hauptverwaltung in der Schweiz sein. Für die Bestimmung der örtlichen Zuständigkeit ist somit der Eintrag des statutarischen Sitzes im Handelsregister ausschlaggebend, und zwar im Zeitpunkt der Klageanhebung. Es erhebt sich die Frage, ob die vorliegende Gerichtsstandsbestimmung anwendbar ist, wenn die Fondsleitung ihren Sitz im Ausland, jedoch ihre Hauptverwaltung in der Schweiz hat. Nach wohl h.L. untersteht eine solche Fondsleitung dem AFG *(Alfred Buttschardt: Zu den Art. 9–16 AFG, in:* Forstmoser (Hg.), Kommentar zum Schweizerischen Anlagefondsgesetz, Bd. I, Zürich 1997, N 21 zu Art. 9 AFG mit weiteren Hinweisen). In einem solchen Fall richtet sich die örtliche Zuständigkeit nach Art. 32 und ist dort, wo die Fondsleitung ihre Hauptverwaltung hat.

5 Eine Gerichtsstandsvereinbarung ist weder im voraus noch nach entstandener Streitigkeit zulässig. Sodann können sich die Parteien nicht an einem von der vorliegenden Bestimmung abweichenden Gerichtsstand einlassen.

4. Kapitel: Vorsorgliche Massnahmen
Chapitre 4: Mesures provisionnelles
Capitolo 4: Misure cautelari

Art. 33

Für den Erlass vorsorglicher Massnahmen ist das Gericht am Ort, an dem die Zuständigkeit für die Hauptsache gegeben ist, oder am Ort, an dem die Massnahme vollstreckt werden soll, zwingend zuständig.

Art. 33

Est impérativement compétent pour ordonner des mesures provisionnelles, le tribunal du lieu dans lequel est donnée la compétence pour connaître de l'action principale ou le tribunal du lieu dans lequel la mesure devra être exécutée.

Art. 33

Per l'emanazione di misure cautelari è imperativo il foro competente per la causa principale o il foro del luogo dove deve essere eseguita la misura.

Materialien: Bundesrätlicher Entwurf, Art. 34; BBl 1999 2869; Amtl. Bull. NR (1999) 1034; Amtl. Bull. StR (1999) 895; Amtl. Bull. NR (1999) 2411.

1 Die vorliegende Bestimmung regelt die Zuständigkeit für den Erlass von vorsorglichen Massnahmen *vor und während der Rechtshängigkeit des Hauptprozesses* übereinstimmend. Damit wird von der bisherigen differenzierten Regelung in vielen Kantonen abgewichen. Der Entwurf des Bundesrates sah eine Unterscheidung der vorsorglichen Massnahmen *vor und während der Rechtshängigkeit* und eine damit verbundene unterschiedliche Gerichtsstandsregelung vor. Diese wurde vom Ständerat und in der Folge vom Nationalrat ver-

einfacht (Amtl. Bull. StR [1999] 895; Amtl. Bull. NR [1999] 2411).

2   Es stehen zwei Gerichtsstände zur Verfügung: Am Ort, an dem die Zuständigkeit für die Hauptsache gegeben ist und am Ort, an dem die Massnahme vollstreckt werden soll. Der Gesuchsteller für eine vorsorgliche Massnahme hat es deshalb in der Hand, von Anfang an auch vollstreckungsrechtliche und vollstreckungspsychologische Gründe in sein Vorgehen miteinzubeziehen. Es handelt sich um eine *alternative und zwingende* Zuständigkeit. Eine Einlassung und eine Gerichtsstandsvereinbarung sind nicht zulässig.

3   Der Entwurf des Bundesrates bestimmte in Art. 34 lit. b für vorsorgliche Massnahmen während der Rechtshängigkeit einer Klage zugleich die sachliche Zuständigkeit. Die neue Formulierung «das Gericht am Ort, an dem die Zuständigkeit für die Hauptsache gegeben ist» begründet aber keine sachliche Zuständigkeit mehr. Die Kantone bleiben frei, das Hauptsachengericht oder einen Einzelrichter (bei vorprozessualen vorsorglichen Massnahmen die Regel) für die Behandlung der vorsorglichen Massnahmen zu bestimmen (BBl 1999 2869). Es wäre allerdings prozessökonomisch unsinnig, bei vorsorglichen Massnahmen nach Eintritt der Rechtshängigkeit einer Klage ein anderes Gericht als das Hauptsachengericht als zuständig vorzusehen.

4   Die Zuständigkeit für die in den kantonalen Prozessgesetzen (z.B. § 231 ff. ZPO ZH) oder in den Bundesgesetzen (z.B. Art. 28c Abs. 2 Ziff. 2 ZGB) vorgesehenen vorsorglichen Beweisabnahmen bestimmt sich nach der vorliegenden Regel. Etwas anderes gilt für kantonale vorsorgliche Beweissicherungen, welche ohne glaubhafte Beweisgefährdung zwecks Abklärung der Prozesschancen (vgl. z.B. Art. 222 ZPO BE) durchgeführt werden. Hier richtet sich die Zuständigkeit weiterhin nach kantonalem Recht (BBl 1999 2869).

5. Kapitel: Prüfung der örtlichen Zuständigkeit
Chapitre 5: Examen de la compétence
Capitolo 5: Esame della competenza per territorio

Art. 34

[1] Das Gericht prüft die örtliche Zuständigkeit von Amtes wegen.

[2] Wird eine mangels örtlicher Zuständigkeit zurückgezogene oder zurückgewiesene Klage binnen 30 Tagen beim zuständigen Gericht neu angebracht, so gilt als Zeitpunkt der Klageanhebung das Datum der ersten Einreichung.

Art. 34

[1] Le tribunal examine d'office la compétence à raison du lieu.

[2] Si l'action retirée ou rejetée faute de compétence à raison du lieu est réintroduite dans les 30 jours devant le tribunal compétent, elle est réputée avoir été introduite à la date de dépôt de la première action.

Art. 34

[1] Il giudice esamina d'ufficio la competenza per territorio.

[2] L'azione è restituita in termini se, ritirata o respinta per incompetenza per territorio, è riassunta entro 30 giorni dinanzi al giudice competente.

Materialien: Bundesrätlicher Entwurf, Art. 35; BBl 1999 2870; Amtl. Bull. NR (1999) 1034; Amtl. Bull. StR (1999) 895.

1 *Abs. 1:* Da die Frage der (hier örtlichen) Zuständigkeit eine Prozessvoraussetzung ist, ist sie von Amtes wegen zu prüfen. Ist ein anderes Gericht zwingend bzw. teilzwingend zuständig, wird auf die Klage nicht eingetreten, selbst dann, wenn die beklagte Partei sich auf den Prozess einlässt und

keine Einrede erhebt (BBl 1999 2870). Verstösst die klägerische Partei gegen einen dispositiven Gerichtsstand, ist Einlassung am falschen Ort möglich. In diesem Fall tritt das Gericht auf die Klage nur dann nicht ein, wenn die beklagte Partei eine begründete Unzuständigkeitseinrede erhebt (BBl 1999 2870).

2 *Abs. 2:* Wird im Fall einer mangels örtlicher Zuständigkeit zurückgezogenen oder zurückgewiesenen Klage die vorgeschriebene 30-tägige Frist eingehalten und die Klage beim *örtlich und sachlich zuständigen* neuen Gericht erhoben, bleibt die Rechtshängigkeit bestehen. Sie beginnt im Zeitpunkt der ersten Klageanhebung (vgl. BBl 1999 2870).

3 Mit der Regel von Abs. 2 werden die Probleme der Fortführungslast umgangen. Dasselbe gilt für den drohenden Ablauf einer Verwirkungs- bzw. Verjährungsfrist.

6. Kapitel: Identische und in Zusammenhang stehende Verfahren
Chapitre 6: Actions identiques et actions connexes
Capitolo 6: Azioni identiche e connesse

Art. 35 *Identische Klagen*

¹ Werden bei mehreren Gerichten Klagen über denselben Streitgegenstand zwischen denselben Parteien rechtshängig gemacht, so setzt jedes später angerufene Gericht das Verfahren aus, bis das zuerst angerufene Gericht über seine Zuständigkeit entschieden hat.

² Ein später angerufenes Gericht tritt auf die Klage nicht ein, sobald die Zuständigkeit des zuerst angerufenen Gerichts feststeht.

Art. 35 *Actions identiques*

¹ Lorsque des actions portant sur le même objet de litige entre les mêmes parties sont introduites devant plusieurs tribunaux, tout tribunal saisi ultérieurement sursoit à la procédure jusqu'à ce que le tribunal saisi en premier lieu ait statué sur sa compétence.

² Aucun tribunal saisi ultérieurement n'entre en matière sur le fond de l'action à partir du moment où la compétence du tribunal saisi en premier lieu a été établie.

Art. 35 *Azioni identiche*

¹ Se più azioni aventi lo stesso oggetto sono pendenti tra le medesime parti davanti a giudici diversi, il giudice successivamente adito sospende il procedimento finché il giudice preventivamente adito abbia deciso della propria competenza.

² Il giudice successivamente adito dispone la non entrata nel merito appena sia certa la competenza del giudice preventivamente adito.

Art. 35

Materialien: Bundesrätlicher Entwurf, Art. 36; BBl 1999 2870 f.; Amtl. Bull. NR (1999) 1034; Amtl. Bull. StR (1999) 895.

1 *Abs. 1:* Bei an mehreren Orten eingereichten identischen Klagen darf das Gericht die Klage wegen anderweitiger Rechtshängigkeit nicht zurückweisen. Vielmehr muss es den Prozess einstweilen sistieren. Vorbild dieser Lösung ist Art. 21 LugÜ.

2 Eine *identische Klage* liegt vor, wenn die Parteien und der Streitgegenstand identisch sind *(Oscar Vogel:* Grundriss des Zivilprozessrechts, 6. A., Bern 1999, Kap. 8 N 5). Stehen sich die gleichen Parteien oder ihre Rechtsnachfolger – unabhängig von ihrer Parteirollenverteilung – gegenüber, ist Parteienidentität gegeben *(Vogel,* a.a.O., Kap. 8 N 6). Zur Identität des Streitgegenstandes oder Klageidentität führte das Bundesgericht folgendes aus (BGE 97 II 396 E. 4):

> «Nach seiner Rechtsprechung ist der eingeklagte Anspruch mit einem früher beurteilten dann identisch, wenn die Parteien des Vorprozesses dem Richter den gleichen Anspruch aus gleichem Entstehungsgrund erneut zur Beurteilung unterbreiten. Der blosse Wortlaut der Rechtsbegehren ist nicht entscheidend. Massgebend ist vielmehr, ob auch dieselben Tatsachen und rechtlich erheblichen Umstände, mit denen der Kläger den Anspruch begründet, schon im Vorprozess zum Klagegrund gehörten.»

An dieser Rechtsprechung hielt das Bundesgericht auch in neueren Entscheiden fest: «Eine abgeurteilte Sache liegt vor, wenn der streitige Anspruch mit einem schon rechtskräftig beurteilten identisch ist. Dies trifft zu, falls der Anspruch dem Richter aus demselben Rechtsgrund und gestützt auf denselben Sachverhalt erneut zur Beurteilung unterbreitet wird.» (BGE 123 III 18 E. 2a; 121 III 477 E. 4a; 119 II 90 E. 2a). Keine Identität des Streitgegenstandes liegt demnach vor bei *abweichenden Rechtsbegehren,* bei *ver-*

änderten Tatsachen und bei *Geltendmachung eines anderen Rechtsgrundes (Vogel,* a.a.O., Kap. 8 N 25 ff.).

3 Das *zuerst angerufene Gericht* ist dasjenige, bei dem die Streitsache zuerst rechtshängig wurde. Unerheblich ist, ob es den Prozess innert vernünftiger Frist zu erledigen vermag (BBl 1999 2871). Die Frage, wann die Rechtshängigkeit eintritt, wird leider weiterhin durch das kantonale Recht bestimmt, nachdem das Parlament die Regelung der Rechtshängigkeit im GestG fallen gelassen hat. Da der Eintritt der Rechtshängigkeit bundesrechtlich nicht geregelt ist, wird es bei Binnenverhältnissen ein vom internationalen Zivilprozessrecht her bekanntes «forum running» geben.

4 Die Frage der Litispendenz kann aus praktischen Gründen nicht von Amtes wegen überprüft werden, obgleich sie eine Prozessvoraussetzung bildet. Somit muss die mehrfach beklagte Partei immer eine allfällige Einrede der Litispendenz erheben (BBl 1999 2871). Dies ist unerlässliche Voraussetzung, damit gemäss der vorliegenden Bestimmung vorgegangen werden kann.

5 *Abs. 2:* Steht die örtliche Zuständigkeit des zuerst angerufenen Gerichts fest, erledigt jedes spätere Gericht die Klage durch einen Nichteintretensentscheid.

Art. 36 *In Zusammenhang stehende Klagen*

¹ Werden bei mehreren Gerichten Klagen rechtshängig gemacht, die miteinander in sachlichem Zusammenhang stehen, so kann jedes später angerufene Gericht das Verfahren aussetzen, bis das zuerst angerufene entschieden hat.

² Das später angerufene Gericht kann die Klage an das zuerst angerufene Gericht überweisen, wenn dieses mit der Übernahme einverstanden ist.

Art. 36 *Actions connexes*

¹ Lorsque plusieurs tribunaux sont saisis d'actions connexes, tout tribunal saisi ultérieurement peut surseoir à la procédure jusqu'à ce que le tribunal saisi en premier lieu ait statué.

² Le tribunal saisi ultérieurement peut transmettre l'action au tribunal saisi en premier lieu lorsque celui-ci accepte de s'en charger.

Art. 36 *Azioni connesse*

¹ Se più azioni materialmente connesse sono pendenti davanti a giudici diversi, il giudice successivamente adito può sospendere il procedimento finché il giudice preventivamente adito abbia deciso.

² Il giudice successivamente adito può disporre la rimessione della causa al giudice preventivamente adito, se questi vi acconsente.

Materialien: Bundesrätlicher Entwurf, Art. 37; BBl 1999 2871 ff.; Amtl. Bull. NR (1999) 1034; Amtl. Bull. StR (1999) 895.

1   Die vorliegende Bestimmung handelt von Prozessen, deren Streitgegenstände zwar nicht identisch sind, die aber trotzdem in Zusammenhang stehen. Diese Prozesse sind grundsätzlich je selbständig durchzuführen. Im Einzelfall kann es aber sinnvoll sein, den Ausgang des ersten Verfahrens abzuwarten oder die mehreren Verfahren sogar zu vereinigen, um widersprüchliche Entscheidungen zu vermeiden (BBl 1999 2871).

2   Bei Vorliegen eines sachlichen Zusammenhanges darf das später befasste Gericht den Prozess aussetzen oder überweisen. Es handelt sich um eine Kann-Vorschrift, welche dem zweitangerufenen Gericht ein Ermessen bei seiner Entscheidung einräumt. Es hat sein Ermessen sachgerecht auszuüben. In die Ermessensbetätigung einzubeziehen ist der

Umstand, dass die vorliegende Bestimmung kraft ihres Ausnahmecharakters zurückhaltend anzuwenden ist und getrennte Prozesse nicht verbietet, auch wenn sie sachlich zusammenhängen (BBl 1999 2871 f.). Überdies ist eine Aussetzung des Verfahrens nur zulässig, falls der Prozess vor dem ersten Gericht entsprechend weit fortgeschritten ist und kurz vor dem Abschluss steht; das auszusetzende Verfahren darf nicht unverhältnismässig verzögert werden (BBl 1999 2872).

3   *Abs. 1* stellt wie Art. 35 auf den Zeitpunkt des Eintritts der *Rechtshängigkeit* ab. Betreffend die diesbezügliche Problematik gelten die vorstehenden Ausführungen zu Art. 35 (N 3 zu Art. 35 GestG).

4   Ein *sachlicher Zusammenhang* liegt vor, wenn die mehreren Klagen auf dem gleichen sachlichen oder rechtlichen Grund beruhen (z.B. gleicher Lebensvorgang, gleicher Vertrag). Es genügt somit eine enge rechtliche Beziehung verschiedener Sachverhalte *(Oscar Vogel:* Grundriss des Zivilprozessrechts, 6. A., Bern 1999, Kap. 7 N 58).

5   Steht der erste Entscheid (Leitentscheid) fest, nimmt das spätere Gericht das Verfahren unverzüglich wieder auf, sofern keine Prozessüberweisung erfolgt ist, und kann über die Sache im nämlichen, aber auch in einem anderen Sinne wie das erste Gericht entscheiden (BBl 1999 2872).

6   *Abs. 2:* Die Vereinigung der Verfahren ist nur möglich, wenn sich die betreffenden Prozesse in gleicher Instanz (also beide z.B. vor erster Instanz) und noch nicht im Urteilsstadium befinden. Um negative Kompetenzkonflikte zu vermeiden, haben die zuständigen Gerichte ihre Meinungen auszutauschen. Dieser Meinungsaustausch kann zu einem Überweisungsbeschluss des später befassten Gerichts führen, wenn das zuerst angerufene der Übernahme des Prozesses zugestimmt hat (BBl 1999 2872).

Art. 36

7 Das Erstgericht hat nach der Überweisung allenfalls Prozesshandlungen nachzuholen, um Verfahrenskonnexität zu schaffen.

8 Der Überweisungsbeschluss ist ein Prozessendentscheid und auf kantonaler Ebene mit den entsprechenden Rechtsmitteln anzufechten (im Kanton Zürich mit Rekurs gemäss § 271 ff. ZPO ZH). Auf Bundesebene erhebt sich die Frage, ob gegen den kantonalen Rechtsmittelentscheid bundesrechtliche Berufung i.S.v. Art. 43 ff. OG erhoben werden kann. Da ein letztinstanzlicher Endentscheid in einer Zivilrechtsstreitigkeit vorliegt, der in Anwendung von Bundesrecht erging, ist die Frage zu bejahen.

9 Durch die Überweisung dürfen der klagenden Partei keine zusätzlichen Gerichtskosten erwachsen (BBl 1999 2873).

10 Lehnt das Erstgericht die Übernahme des Prozesses ab, nimmt das zweitbefasste Gericht das Verfahren wieder auf oder wartet den Leitentscheid des Erstgerichtes gemäss Abs. 1 ab (BBl 1999 2872).

7. Kapitel: Anerkennung und Vollstreckung
Chapitre 7: Reconnaissance et exécution
Capitolo 7: Riconoscimento ed esecuzione delle decisioni giudiziarie

Art. 37

Bei der Anerkennung und Vollstreckung eines Entscheides darf die Zuständigkeit des Gerichts, das den Entscheid gefällt hat, nicht mehr geprüft werden.

Art. 37

Lorsqu'il s'agit de reconnaître ou d'exécuter un jugement, la compétence du tribunal qui l'a rendu n'est plus examinée.

Art. 37

Nell'ambito del riconoscimento e dell'esecuzione delle decisioni giudiziarie, la competenza del giudice che ha pronunciato la decisione non può più essere esaminata.

Materialien: Bundesrätlicher Entwurf, Art. 39; BBl 1999 2874 f.; Amtl. Bull. NR (1999) 1035; Amtl. Bull. StR (1999) 895.

1 Bei der Anerkennung und Vollstreckung eines Entscheides darf die Zuständigkeit des Gerichts, das entschieden hat, nicht mehr geprüft werden (BBl 1999 2874).

2 Im Unterschied zu Art. 28 LugÜ, bei dem die Verletzung zwingender Zuständigkeiten sowie der Gerichtsstände in Versicherungs- und Verbrauchersachen im Rahmen der Anerkennung und Vollstreckung noch gerügt werden kann, entfällt hier die Zuständigkeitseinrede *ausnahmslos,* also unabhängig davon, ob zwingende, teilzwingende oder dispositive Gerichtsstände vorliegen (BBl 1999 2874 f.). Die

übrigen vollstreckungsrechtlichen Einreden (Einrede, der zu vollstreckende Entscheid sei noch nicht rechtskräftig, Einrede der Tilgung, Stundung oder Verjährung, Einrede der ungehörigen Vorladung oder Einrede der ungesetzlichen Vertretung) sind weiterhin zulässig.

8. Kapitel: Schlussbestimmungen
Chapitre 8: Dispositions finales
Capitolo 8: Disposizioni transitorie e finali

Art. 38 *Hängige Verfahren*

Für Klagen, die bei Inkrafttreten dieses Gesetzes hängig sind, bleibt der Gerichtsstand bestehen.

Art. 38 *Procédures pendantes*

Pour les actions pendantes lors de l'entrée en vigueur de la présente loi, le for donné subsiste.

Art. 38 *Procedimenti pendenti*

Per le azioni pendenti al momento dell'entrata in vigore della presente legge, il foro rimane invariato.

Materialien: Bundesrätlicher Entwurf, Art. 40; BBl 1999 2875; Amtl. Bull. NR (1999) 1035; Amtl. Bull. StR (1999) 895 f.; Amtl. Bull. NR (1999) 2412.

1 Mit dieser Bestimmung wird dem Grundsatz der perpetuatio fori Rechnung getragen. Die Lösung entspricht der Prozessökonomie, indem sich kein neues Gericht in den Prozess einarbeiten muss. Im Ergebnis kann ein Gericht nur dann einen Nichteintretensentscheid fällen, wenn bei einer pendenten Klage sowohl nach altem wie nach neuem Recht die örtliche Zuständigkeit fehlt (BBl 1999 2875).

Art. 39 *Gerichtsstandsvereinbarung*

Die Gültigkeit einer Gerichtsstandsvereinbarung bestimmt sich nach bisherigem Recht, wenn sie vor dem Inkrafttreten dieses Gesetzes getroffen worden ist.

Art. 39 *Election de for*

La validité du choix d'un for se détermine d'après l'ancien droit si le for a été choisi avant l'entrée en vigueur de la présente loi.

Art. 39 *Proroga di foro*

La validità di una proroga di foro si determina in base al diritto previgente se il relativo accordo è stato concluso prima dell'entrata in vigore della presente legge.

Materialien: Bundesrätlicher Entwurf, Art. 41; BBl 1999 2875; Amtl. Bull. NR (1999) 1036; Amtl. Bull. StR (1999) 896; Amtl. Bull. NR (1999) 2412.

1 Die Gültigkeit einer Gerichtsstandsvereinbarung bestimmt sich nach altem Recht, wenn diese vor dem Inkrafttreten des GestG getroffen worden ist. Ursprünglich sah der Entwurf des Bundesrates vor, die Gültigkeit einer unter altem Recht abgeschlossenen Gerichtsstandsvereinbarung nach neuem Recht zu beurteilen. Dies hätte zu schwerwiegenden Auslegungsproblemen geführt. Nur nach Inkrafttreten des GestG geschlossene Gerichtsstandsvereinbarungen sind deshalb auf ihre Gültigkeit i.S.v. Art. 9 zu prüfen.

Art. 40 *Referendum und Inkrafttreten*

[1] Dieses Gesetz untersteht dem fakultativen Referendum.

[2] Der Bundesrat bestimmt das Inkrafttreten.

Art. 40 *Référendum et entrée en vigueur*

[1] La présente loi est sujette au référendum facultatif.

[2] Le Conseil fédéral fixe la date de l'entrée en vigueur.

Art. 40 *Referendum ed entrata in vigore*

¹ La presente legge sottostà al referendum facoltativo.

² Il Consiglio federale ne determina l'entrata in vigore.

Materialien: Bundesrätlicher Entwurf, Art. 42; BBl 1999 2875; Amtl. Bull. NR (1999) 1036; Amtl. Bull. StR (1999) 896.

1 Die Referendumsfrist gegen das Gerichtsstandsgesetz (GestG) läuft am 20. Juli 2000 ab. Das Gesetz tritt voraussichtlich am 1. Januar 2001 in Kraft.

Änderung von Bundesgesetzen

1. Bundesrechtspflegegesetz vom 16. Dezember 1943 (SR 173.110)

Art. 41 Abs. 2
² Ist das Bundesgericht nicht zuständig, so bestimmt sich die örtliche Zuständigkeit für zivilrechtliche Klagen gegen den Bund nach dem Gerichtsstandsgesetz vom 24. März 2000.

2. Zivilgesetzbuch vom 10. Dezember 1907 (SR 210)

Art. 28b, 28f Abs. 2, 28l Abs. 2, 35 Abs. 2
Aufgehoben

Art. 135 Abs. 1
¹ Die örtliche Zuständigkeit für die Scheidung, die Abänderung des Scheidungsurteils, die Anweisung an die Schuldner und die Sicherstellung der Unterhaltsbeiträge richtet sich nach dem Gerichtsstandsgesetz vom 24. März 2000.

Art. 180, 186
Aufgehoben

Begehren
Art. 190 Randtitel und Abs. 2
² *Aufgehoben*

Art. 194
Aufgehoben

Art. 220 Abs 3
³ Im Übrigen gelten die Bestimmungen über die erbrechtliche Herabsetzungsklage sinngemäss.

Art. 253
Aufgehoben

D. Klage I. Klagerecht	*Art. 279 Randtitel sowie Abs. 2 und 3* ² und ³ *Aufgehoben*
B. Ort der Eröffnung	*Art. 538 Randtitel und Abs. 2* ² *Aufgehoben*

Art. 551 Abs. 1 und 3
¹ Die zuständige Behörde hat von Amtes wegen die zur Sicherung des Erbganges nötigen Massregeln zu treffen.
³ *Aufgehoben*

Art. 712l Abs. 2
² Die Gemeinschaft der Stockwerkeigentümer kann unter ihrem Namen klagen und betreiben sowie beklagt und betrieben werden.

3. Bundesgesetz vom 4. Oktober 1991 über das bäuerliche Bodenrecht (SR 211.412.11)

Art. 82
Aufgehoben

4. Bundesgesetz vom 16. Dezember 1983 über den Erwerb von Grundstücken durch Personen im Ausland (SR 211.412.41)

Art. 27 Abs. 1 Einleitungssatz
¹ Die beschwerdeberechtigte kantonale Behörde oder, wenn diese nicht handelt, das Bundesamt für Justiz, klagt gegen die Parteien auf: ...

5. Obligationenrecht vom 30. März 1911 (SR 220)

Art. 40g
Aufgehoben

Art. 92 Abs. 2
² Den Ort der Hinterlegung hat der Richter zu bestimmen, jedoch können Waren auch ohne richterliche Bestimmung in einem Lagerhause hinterlegt werden.

Art. 226l, 274b, 343 Abs. 1
Aufgehoben

Art. 361
Hinweis auf Artikel 343 Absatz 1 (Wahl des Gerichtsstandes) aufheben.

Art. 642 Abs. 3, 761, 782 Abs. 3, 837 Abs. 3
Aufgehoben

Art. 981 Randtitel und Abs. 2

C. Kraftloserklärung
I. Im allgemeinen
1. Begehren

² *Aufgehoben*

Art. 1072 Abs. 1
¹ Derjenige, dem ein Wechsel abhanden gekommen ist, kann beim Richter verlangen, dass dem Bezogenen die Bezahlung des Wechsels verboten werde.

Art. 1165 Abs. 4
Aufgehoben

6. Bundesgesetz vom 28. März 1905 über die Haftpflicht der Eisenbahn- und Dampfschifffahrtsunternehmungen und der Schweizerischen Post (SR 221.112.742)

Art. 19
Aufgehoben

7. Bundesgesetz vom 4. Oktober 1985 über die landwirtschaftliche Pacht (SR 221.213.2)

Art. 48 Sachüberschrift und Abs. 2
Zivilrechtliche Klagen
² *Aufgehoben*

8. Bundesgesetz vom 2. April 1908 über den Versicherungsvertrag (SR 221.229.1)

Art. 46a

Erfüllungsort Der Erfüllungsort für Verbindlichkeiten aus Versicherungsverträgen richtet sich nach den Artikeln 26 ff. des Versicherungsaufsichtsgesetzes vom 23. Juni 1978 (SR 961.01).

9. Urheberrechtsgesetz vom 9. Oktober 1992 (SR 231.1)

Art. 64 Sachüberschrift sowie Abs. 1 und 2
Einzige kantonale Instanz
¹ und ² *Aufgehoben*

Art. 65 Abs. 3
Aufgehoben

10. Markenschutzgesetz vom 28. August 1992 (SR 232.11)

Art. 58 Sachüberschrift sowie Abs. 1 und 2
Einzige kantonale Instanz
¹ und ² *Aufgehoben*

Art. 59 Abs. 3
Aufgehoben

11. Patentgesetz vom 25. Juni 1954 (SR 232.14)

Art. 75, 78, 86 Abs. 3
Aufgehoben

Änderung von Bundesgesetzen

12. Sortenschutzgesetz vom 20. März 1975 (SR 232.16)

Art. 41 und 47
Aufgehoben

13. Bundesgesetz vom 19. Juni 1992 über den Datenschutz (SR 235.1)

Art. 15 Abs. 4
[4] Über Klagen zur Durchsetzung des Auskunftsrechts entscheidet der Richter in einem einfachen und raschen Verfahren.

14. Bundesgesetz vom 19. Dezember 1986 gegen den unlauteren Wettbewerb (SR 241)

Art. 12 Sachüberschrift und Abs. 1
Sachzusammenhang
[1] *Aufgehoben*

15. Kartellgesetz vom 6. Oktober 1995 (SR 251)

Art. 14 Abs. 2
Aufgehoben

16. Kernenergiehaftpflichtgesetz vom 18. März 1983 (SR 732.44)

Art. 24
Aufgehoben

17. Strassenverkehrsgesetz vom 19. Dezember 1958 (SR 741.01)

Art. 84
Aufgehoben

18. Eisenbahngesetz vom 20. Dezember 1957 (SR 742.101)

Art. 4
Aufgehoben

Art. 95 Abs.1 erster Satzteil
¹ Die Artikel 3, 7-9, ...*(Rest unverändert)*

19. Bundesgesetz vom 5. Oktober 1990 über die Anschlussgleise (SR 742.141.5)

Art. 21 Abs. 4
⁴ Über Streitigkeiten zwischen Bahn, Anschliessern und Mitbenützern entscheidet der Zivilrichter.

20. Bundesgesetz vom 29. März 1950 über die Trolleybusunternehmungen (SR 744.21)

Art. 15 Abs. 3
Aufgehoben

21. Rohrleitungsgesetz vom 4. Oktober 1963 (SR 746.1)

Art. 40
Aufgehoben

22. Postorganisationsgesetz vom 30. April 1997 (SR 783.1)

Gliederungstitel vor Art. 16
6. Abschnitt: Rechtsbeziehungen und Haftung

Sachüberschrift zu Art. 16
Aufgehoben

Art. 17
Aufgehoben

23. Postgesetz vom 30. April 1997 (SR 783.0)

Art. 17 Abs. 2
Aufgehoben

Änderung von Bundesgesetzen

24. Telekommunikationsunternehmungsgesetz vom 30. April 1997 (SR 784.11)

Art. 19 Abs. 2 und 3
Aufgehoben

25. Arbeitsvermittlungsgesetz vom 6. Oktober 1989 (SR 823.11)

Gliederungstitel vor Art. 10
3. Abschnitt: Verfahren

Art. 10 Abs. 1
Aufgehoben

Gliederungstitel vor Art. 23
3. Abschnitt: Verfahren

Art. 23 Abs. 1
Aufgehoben

26. Bundesgesetz vom 4. Oktober 1930 über die Handelsreisenden (SR 943.1)

Art. 11
Aufgehoben

27. Anlagefondsgesetz vom 18. März 1994 (SR 951.31)

9. Kapitel (Art. 68)
Aufgehoben

28. Versicherungsaufsichtsgesetz vom 23. Juni 1978 (SR 961.01)

Gliederungstitel vor Art. 26
Fünftes Kapitel: Erfüllungsort

Art. 28 und 29
Aufgehoben

Modification du droit en vigueur

1. Organisation judiciaire du 16 décembre 1943 (RS 173.110)

Art. 41, al. 2
² Lorsque le tribunal fédéral n'est pas compétent, la compétence à raison du lieu pour les actions de droit civil contre la Confédération est détérminée par la loi du 24 mars 2000 sur les fors.

2. Code civil du 10 décembre 1907 (RS 210)

Art. 28b, 28f, al. 2, 28l, al. 2 et 35, al 2
Abrogés

Art. 135, al. 1
¹ La compétence à raison du lieu de prononcer et de modifier le jugement de divorce, ainsi que de décider de l'avis aux débiteurs et de la fourniture des sûretés pour la contribution d'entretien est déterminée par la loi du 24 mars 2000 sur les fors.

Art. 180 et 186
Abrogés

Art. 190, titre marginal et al. 2
Demande   ² *Abrogé*

Art. 194
Abrogé

Art. 220, al. 3
³ *Pour le surplus, les dispositions sur l'action successorale en réduction sont applicables par analogie.*

Art. 253
Abrogé

Art. 279, titre marginal, al. 2 et 3
²et ³ Abrogés

D. Action
I. Qualité pour agir

Art. 538, titre marginal et al. 2
² Abrogé

B. Lieu de l'ouverture

Art. 551, al. 1 et 3
¹ L'autorité compétente est tenue de prendre d'office les mesures nécessaires pour assurer la dévolution de l'hérédité.

³ *Abrogé*

Art. 712l, al. 2
² Elle peut, en son nom, actionner ou être actionnée en justice ainsi que poursuivre et être poursuivie.

3. Loi fédérale du 4 octobre 1991 sur le droit foncier rural (RS 211.412.11)

Art. 82
Abrogé

4. Loi fédérale du 16 décembre 1983 sur l'acquisition d'immeubles par des personnes à l'étranger (RS 211.412.41)

Art. 27, al. 1, phrase introductive
¹ L'autorité cantonale habilitée à recourir ou, si elle n'agit pas, l'Office fédéral de la justice, intente contre les parties: ...

5. Code des obligations du 30 mars 1911 (RS 220)

Art. 40g
Abrogé

Art. 92, al. 2
² Le juge décide du lieu de la consignation; toutefois les marchandises peuvent, même sans décision du juge, être consignées dans un entrepôt.

Art. 226l, 274b, 343, al. 1
Abrogés

Art. 361
Abroger le renvoi à l'art. 343, al. 1 (choix du for ordinaire)

Art. 642, al 3, 761,782, al. 3, et 837, al. 3
Abrogés

C. Annulation
I. En général
1. Requête

Art. 981, titre marginal et al. 2
² *Abrogé*

Art. 1072, al. 1
¹ Celui qui est dessaisi sans sa volonté d'une lettre de change peut requérir du juge une ordonnance interdisant au tiré de payer le titre.

Art. 1165, al. 4
Abrogé

6. Loi fédérale du 28 mars 1905 sur la responsabilité civile des entreprises de chemins de fer et de bateaux à vapeur et de la Poste Suisse (RS 221.112.742)

Art. 19
Abrogé

7. Loi fédérale du 4 octobre 1985 sur le bail à ferme agricole (RS 221.213.2)

Art. 48, titre et al. 2
Actions civiles
² Abrogé

8. Loi fédérale du 2 avril 1908 sur le contrat d'assurance (RS 221.229.1)

Art. 46a

Lieu d'exécution Le lieu d'exécution pour les prétentions découlant de contrats d'assurance est régi par les art. 26 ss de la loi du 23 juin 1978 sur la surveillance des assurances (RS 961.01).

9. Loi fédérale du 9 octobre 1992 sur le droit d'auteur (RS 231.1)

Art. 64, titre, al. 1 et 2
Instance cantonale unique
¹ et ² Abrogés

Art. 65, al. 3
Abrogé

10. Loi fédérale du 28 août 1992 sur la protection des marques (RS 232.11)

Art. 58, titre, al. 1 et 2
Instance cantonale unique
¹ et ² Abrogés

Art. 59, al. 3
Abrogé

11. Loi fédérale du 25 juin 1954 sur les brevets (RS 232.14)

Art. 75, 78 et 86, al. 3
Abrogés

12. Loi fédérale du 20 mars 1975 sur la protection des obtentions végétales (RS 232.16)

Art. 41 et 47
Abrogés

13. Loi fédérale du 19 juin 1992 sur la protection des données (RS 235.1)

Art. 15, al. 4
[4] Le juge statue selon une procédure simple et rapide sur les actions en exécution du droit d'accès.

14. Loi fédérale du 19 décembre 1986 contre la concurrence déloyale (RS 241)

Art. 12, titre et al. 1
Connexité
[1] *Abrogé*

15. Loi du 6 octobre 1995 sur les cartels (RS 251)

Art. 14, al. 2
Abrogé

16. Loi fédérale du 18 mars 1983 sur la responsabilité civile en matière nucléaire (RS 732.44)

Art. 24
Abrogé

17. Loi fédérale du 19 décembre 1958 sur la circulation routière (RS 741.01)

Art. 84
Abrogé

18. **Loi fédérale du 20 décembre 1957 sur les chemins de fer (RS 742.101)**

> *Art. 4*
> *Abrogé*
>
> *Art. 95, al. 1, première partie de la phrase*
> [1] Les art. 3, 7 à 9, ...

19. **Loi fédérale du 5 octobre 1990 sur les voies de raccordement ferroviaires (RS 742.141.5)**

> *Art. 21, al. 4*
> [4] Le juge civil tranche les litiges entre le chemin de fer, les raccordés et les coutilisateurs.

20. **Loi fédérale du 29 mars 1950 sur les entreprises de trolleybus (RS 744.21)**

> *Art. 15, al. 3*
> *Abrogé*

21. **Loi fédérale du 4 octobre 1963 sur les installations de transport par conduites de combustibles ou carburants liquides ou gazeux (RS 746.1)**

> *Art. 40*
> *Abrogé*

22. **Loi du 30 avril 1997 sur l'organisation de la Poste (RS 783.1)**

> *Titre précédant l'art. 16*
> **Section 6   Relations juridiques et responsabilité**
>
> *Art. 16, titre*
> *Abrogé*
>
> *Art. 17*
> *Abrogé*

23. Loi fédérale du 30 avril 1997 sur la poste (RS 783.0)

Art. 17, al. 2
Abrogé

24. Loi du 30 avril 1997 sur l'entreprise de télécommunications (RS 784.11)

Art. 19, al. 2 et 3
Abrogés

25. Loi fédérale du 6 octobre 1989 sur le service de l'emploi et la location de services (RS 823.11)

Titre précédant l'art 10
Section 3 Procédure

Art. 10, al. 1
Abrogé

Titre précédant l'art. 23
Section 3 Procédure

Art. 23, al. 1
Abrogé

26. Loi fédérale du 4 octobre 1930 sur les voyageurs de commerce (RS 943.1)

Art. 11
Abrogé

27. Loi fédérale du 18 mars 1994 sur les fonds de placement (RS 951.31)

Chapitre 9 (Art. 68)
Abrogé

28. Loi fédérale du 23 juin 1978 sur la surveillance des assurances (RS 961.01)

Titre précédant l'art. 26
Chapitre 5   Lieu d'exécution

Art. 28 et 29
Abrogés

Diritto vigente: abrogazione e modifica

1. Legge federale del 16 dicembre 1943 sull'organizzazione (RS 173.110)

Art. 41 cpv. 2
² Se il Tribunale federale non è competente, la competenza territoriale per le azioni di diritto civile contro la Confederazione si determina secondo la legge sul foro del 24 marzo 2000.

2. Codice civile del 10 dicembre 1907 (RS 210)

Art. 28b, 28f cpv. 2, 28l cpv. 2, 35 cpv. 2
Abrogati

Art. 135 cpv. 1
¹ La competenza per territorio a pronunciare e a modificare la sentenza di divorzio nonché a decidere dell'avviso ai debitori e della prestazione di garanzie per il contributo di mantenimento è retta dalla legge sul foro del 24 marzo 2000.

Art. 180, 186
Abrogati

Art. 190 marginale e cpv. 2

Istanza ² *Abrogato*

Art. 194
Abrogato

Art. 220 cpv. 3
³ Per altro, si applicano per analogia le disposizioni sull'azione di riduzione ereditaria.

Diritto vigente: abrogazione e modifica 114

Art. 253
Abrogato

D. Azione
I. Diritto

Art. 279 marginale e cpv. 2 e 3
[2] et [3] *Abrogati*

B. Luogo
dell'apertura

Art. 538 marginale e cpv. 2
[2] *Abrogato*

Art. 551 cpv. 1 e 3
[1] L'autorità competente deve prendere le misure necessarie a salvaguardia della devoluzione dell'eredità.
[3] *Abrogato*

Art. 712l cpv. 2
[2] Essa può, in proprio nome, stare in giudizio come attrice o convenuta nonché escutere o essere escussa.

3. **Legge federale del 4 ottobre 1991 sul diritto fondiario rurale (RS 211.412.11)**

Art. 82
Abrogato

4. **Legge federale del 16 dicembre 1983 sull'acquisto di fondi da parte di persone all'estero (RS 211.412.41)**

Art. 27 cpv. 1 frase introduttiva
[1] L'autorità cantonale legittimata a ricorrere oppure, se essa non agisce, l'Ufficio federale di giustizia promuove contro le parti: ...

5. **Codice delle obbligazioni del 30 marzo 1911 (RS 220)**

Art. 40g
Abrogato

Art. 92 cpv. 2
² Il luogo del deposito viene designato dal giudice; le merci possono tuttavia essere depositate in un magazzino di deposito anche senza designazione del giudice.

Art. 226l, 274b, 343 cpv. 1
Abrogati

Art. 361
Stralciare il rinvio all'articolo 343 capoverso 1 (elezione di foro)

Art. 642 cpv. 3, 761,782 cpv. 3, et 837 cpv. 3
Abrogati

Ammortamento
I. In generale
1. Domanda

Art. 981 marginale e cpv. 2
² *Abrogato*

Art. 1072 cpv. 1
¹ Chi ha smarrito una cambiale può chiedere al giudice che vieti al trattario di pagarla.

Art. 1165 cpv. 4
Abrogato

6. Legge federale del 28 marzo 1905 sulla responsabilità delle imprese di strade ferrate e di piroscafi, e della Posta svizzera (RS 221.112.742)

Art. 19
Abrogato

Diritto vigente: abrogazione e modifica 116

7. Legge federale del 4 ottobre 1985 sull'affitto agricolo (RS 221.213.2)

Art. 48 titolo e cpv. 2
Procedura civile
² *Abrogato*

8. Legge federale del 2 aprile 1908 sul contratto d'assicurazione (RS 221.229.1)

Art. 46a

Luogo dell'adempimento — Il luogo di adempimento degli obblighi derivanti dai contratti d'assicurazione è disciplinato dagli articoli 26 e seguenti della legge del 23 giugno 1978 (RS 961.01) sulla sorveglianza degli assicuratori.

9. Legge federale del 9 ottobre 1992 sul diritto d'autore e sui diritti di protezione affini (RS 231.1)

Art. 64 titolo e cpv. 1 e 2
Istanza cantonale unica
¹ e ² *Abrogati*

Art. 65 cpv. 3
Abrogato

10. Legge federale del 28 agosto 1992 sulla protezione dei marchi e delle indicazioni di provenienza (RS 232.11)

Art. 58 titolo e cpv. 1 e 2
Istanza cantonale unica
¹ e ² *Abrogati*

Art. 59 cpv. 3
Abrogato

11. Legge federale del 25 giugno 1954 sui brevetti d'invenzione (RS 232.14)

Art. 75, 78 e 86 cpv. 3
Abrogati

12. Legge federale del 20 marzo 1975 sulla protezione delle novità vegetali (RS 232.16)

Art. 41 e 47
Abrogati

13. Legge federale del 19 giugno 1992 sulla protezione dei dati (RS 235.1)

Art. 15 cpv. 4
[4] Il giudice decide sulle azioni intese a dare esecuzione al diritto d'accesso secondo una procedura semplice e rapida.

14. Legge federale del 19 dicembre 1986 contro la concorrenza sleale (RS 241)

Art. 12 titolo e cpv. 1
Connessione
[1] *Abrogato*

15. Legge federale del 6 ottobre 1995 sui cartelli e altre limitazioni della concorrenza (RS 251)

Art. 14 cpv. 2
Abrogato

16. Legge del 18 marzo 1983 sulla responsabilità civile in materia nucleare (RS 732.44)

Art. 24
Abrogato

Diritto vigente: abrogazione e modifica

17. **Legge federale del 19 dicembre 1958 sulla circolazione stradale (RS 741.01)**

    Art. 84
    Abrogato

18. **Legge federale del 20 dicembre 1957 sulle ferrovie (RS 742.101)**

    Art. 4
    Abrogato

    Art. 95 cpv. 1 prima parte della frase
    [1] Gli articoli 3, 7–9, ... (resto immutato)

19. **Legge federale del 5 ottobre 1990 sui binari di raccordo ferroviario (RS 742.141.5)**

    Art. 21 cpv. 4
    [4] Il giudice civile decide le controversie tra la ferrovia, i raccordati e i coutenti.

20. **Legge federale del 29 marzo 1950 sulle imprese filoviarie (RS 744.21)**

    Art. 15 cpv. 3
    Abrogato

21. **Legge federale del 4 ottobre 1963 sugli impianti di trasporto in condotta di combustibili e carburanti liquidi o gassosi (RS 746.1)**

    Art. 40
    Abrogato

22. **Legge federale del 30 aprile 1997 sull'organizzazione dell'azienda delle poste Confederazione (RS 783.1)**

    Titolo prima dell'art. 16
    Sezione 6: Rapporti giuridici e responsabilità

Art. 16 titolo
Abrogato

Art. 17
Abrogato

23. Legge del 30 aprile 1997 sulle poste (RS 783.0)

Art. 17 cpv. 2
Abrogato

24. Legge federale del 30 aprile 1997 sull'organizzazione dell'azienda delle telecomunicazioni della Confederazione (RS 784.11)

Art. 19 cpv. 2 e 3
Abrogati

25. Legge federale del 6 ottobre 1989 sul collocamento e il personale a prestito (RS 823.11)

Titolo prima dell'art. 10
Sezione 3 Procedura

Art. 10 cpv. 1
Abrogato

Titolo prima de l'art. 23
Sezione 3 Procedura

Art. 23 cpv. 1
Abrogato

26. Legge federale del 4 ottobre 1930 sui viaggiatori di commercio (RS 943.1)

Art. 11
Abrogato

27. Legge federale del 18 marzo 1994 sui fondi d'investimento (RS 951.31)

Capitolo (art. 68)
Abrogato

28. Legge federale del 23 giugno 1978 sulla sorveglianza degli istituti d'assicurazione (RS 961.01)

Titolo prima dell'art. 26
Capitolo 5: Luogo dell'adempimento

Art. 28 e 29
Abrogati

Sachregister

In der primären Einteilung ist das Sachregister nach Substantiven geordnet, wobei die Adjektive jeweils nach den Substantiven stehen. Bei der sekundären und tertiären Einteilung ist als Ordnungskriterium das erste Wort gewählt worden.

Für Stichworte aus dem Kapitel «Einleitung» werden die Seitenzahlen (z.B. S. 4) angegeben. Für die übrigen Stichworte bezeichnet die erste Zahl den Artikel, die zweite die Randnote innerhalb dieses Artikels (z.B. 9 N 1). Die Hauptfundstellen sind **fett** gedruckt.

A

Abänderungsklage
- *siehe* Familienrecht, Eherecht

Adhäsionsklage
- *siehe* Handlung, unerlaubte

Admassierungsklage
- *siehe* Schuldbetreibungs- und Konkursrecht

Anerkennung
- und Vollstreckung *siehe* Vollstreckung

Anerkennungsklage
- *siehe* Schuldbetreibungs- und Konkursrecht

Anlagefonds
- *siehe* Handelsrecht

Anleihensobligationen
- *siehe* Handelsrecht

Arbeitsrecht
- *siehe* Vertragsrecht

Arrest
- *siehe* Schuldbetreibungs- und Konkursrecht

Aufenthaltsort S. 4, 3 N 10, **4 N 1 f.**, 12 N 3, 13 N 2
- Begriff 4 N 1 f.
- subsidiärer Gerichtsstand 4 N 1

B

Beweisabnahme, vorsorgliche
- *siehe* Massnahmen, vorsorgliche

Beweissicherung, vorsorgliche
- *siehe* Massnahmen, vorsorgliche

Binnen- bzw. Seeschifffahrt S. 4, 1 N 7

Sachregister

Botschaft S. 2, 8 N 2, 19 N 5, 25 N 7, 27 N 4
BVG
– *siehe* Familienrecht, Eherecht

D

Datenschutz
– *siehe* Persönlichkeitsschutz
Differenzbereinigungsverfahren S. 3, 26 N 2

E

Eherecht
– *siehe* Familienrecht
Eheschutz
– *siehe* Familienrecht, Eherecht
Einlassung S. 4, 6, 8, 2 N 1, 9 N 3, 8, **10 N 1 ff.**, 17 N 4, 21 N 4, 23 N 4, 24 N 9, 33 N 2, 34 N 1
– bei zwingenden und teilzwingenden Gerichtsständen 10 N 1, 3
– genügender Bezug 10 N 4
– Litisdependenz 10 N 2
– Unzuständigkeitseinrede 10 N 2

Erbrecht S. 7, **18 N 1 ff.**
– Begriff erbrechtliche Klagen 18 N 1
– Freiwillige Gerichtsbarkeit 18 N 5, 7
– Gerichtsstandsvereinbarung 18 N 4, 7
– Klagen gegen den Nachlass 18 N 3
– Klagen über die güterrechtliche Auseinandersetzung bei Tod eines Ehegatten 15 N 5, 18 N 1
– Klagen über die Zuweisung eines landwirtschaftlichen Gewerbes oder Grundstückes (BGBB) 18 N 2
– Streitige Gerichtsbarkeit 18 N 1
– Vorsorgliche Massnahmen 18 N 6
Erfüllungsort S. 1, 3, 21 N 1

F

Familienrecht
– Eherecht S. 7, **15 N 1 ff.**
  – Abänderungs- und Ergänzungsklagen 15 N 6
  – alternativer Gerichtsstand 15 N 2
  – BVG S. 7, 15 N 4

- Eheschutz
  - Begriff 15 N 3
- Güterrechtliche Auseinandersetzung 15 N 5
- Gütertrennung 15 N 8
- Nebenfolgen 15 N 4
- neues Scheidungsrecht 15 N 9
- Scheidung auf gemeinsames Begehren 15 N 4
- Scheidungsklage 15 N 4
- Sicherstellung von Unterhaltsbeiträgen 15 N 3
- Trennungsklage 15 N 4
- Ungültigkeitsklage 15 N 4
- Verkündungsverfahren 15 N 1
- Vorsorgliche Massnahmen 15 N 7
- zwingender Gerichtsstand 15 N 2
- Kindesschutz
  - Vorbehalt S. 4, 1 N 5
- Kindesverhältnis, Feststellung bzw. Anfechtung S. 7, **16 N 1 ff.**
  - alternativer Gerichtsstand 16 N 2
  - Anfechtungsklagen 16 N 1
  - zwingender Gerichtsstand 16 N 3 f.
- Unterhaltsbeiträge 15 N 3 f., 6
- Unterhaltsstreitigkeiten S. 7, **17 N 1 ff.**
  - alternativer Gerichtsstand 17 N 1, 3
  - Klage gegen die Eltern 17 N 2
  - Klage gegen unterstützungspflichtige Verwandte S. 7, 17 N 3
  - zwingender Gerichtsstand 17 N 4
  - zwischen Ehegatten 17 N 1
- Vormundschaftsrecht
  - Vorbehalt S. 4, 1 N 5

Fortführungslast 34 N 3
forum running 35 N 3

G

Gegenstand 1 N 1 ff.
Geltungsbereich 1 N 1 ff.
- binnenrechtlich 1 N 3
- international 1 N 3

Sachregister

Gerichtsbarkeit, freiwillige
S. 6 f., 1 N 1, 5, 11 N 1,
18 N 5, 7, 30 N 1, 31 N 1
Gerichtsstand
- allgemein **S. 4 ff.**, 9,
  1 N 6, 5 N 1, 8 N 4, 12
  N 1, 22 N 3, 25 N 3, 5,
  29 N 3
- alternativer S. 8 ff., 3
  N 1, 5 N 1, 3, 15 N 2, 16
  N 2, 17 N 1 ff., 18 N 2,
  20 N 1, 22 N 2, 24 N 5,
  25 N 1, 26 N 1, 29 N 1,
  4, 31 N 1, 33 N 2
- ausschliesslicher, 2 N 1,
  9 N 3, 10 N 1
- besonderer S. 4, 6
- dispositiver S. 11 f., 34
  N 1, 37 N 2
- Heimatort 13 N 2
- Ort der gelegenen Sache
  S. 7 ff., 18 N 2, 19 N 1,
  4 f., 23 N 2
- Registerort S. 6, 12 N 2,
  14 N 1
- teilzwingender S. 5 f.,
  11 f., 3 N 1, 9 N 1, 10
  N 1, 3, **21 N 2 ff.**, 23 N 4,
  24 N 9, 34 N 1, 37 N 2
- zwingender S. 4 ff.,
  11 ff., **2 N 1 f.**, 3 N 1, 6
  N 3, 9 N 1, 10 N 1, 3, 13
  N 1, 14 N 1, 15 N 2, 16
  N 3 f., 17 N 4, 27 N 3, 5,
  32 N 1, 5, 33 N 2, 34
  N 1, 37 N 2
- *siehe* auch Zuständigkeit

Gerichtsstandsvereinbarung S. 4 f., 8, 13, 19, 2 N 1,
9 N 1 ff., 15 N 2, 16 N 4,
18 N 4, 7, 21 N 3, 32 N 5,
33 N 2, **39 N 1**
- Ablehnung 9 N 8
- altrechtliche 9 N 10,
  39 N 1
- Anlagefonds 32 N 5
- ausschliesslich 9 N 3
- Einlassung 9 N 3
- Erbteilungsvertrag 9 N 7,
  18 N 4
- Erbvertrag 9 N 7, 18 N 4
- Letztwillige Verfügung
  9 N 7
- Praxis des Zürcher Handelsgerichts 9 N 9
- Schlussbestimmungen
  39 N 1
- Schriftlichkeit S. 4 f.,
  9 N 4
- Statuten 9 N 7
- typografische Rechtsprechung S. 6, 9 N 6
- Unzulässigkeit 9 N 2
- Unzuständigkeitseinrede
  9 N 3
- Vertragsrecht 21 N 3

Geschäftsniederlassung
- *siehe* Niederlassung

Gesellschaft, einfache
- *siehe* Handelsrecht, Gesellschaftsrecht

Gesellschaftsrecht
- *siehe* Handelsrecht

Gewährleistungsklagen
- *siehe* Interventionsklagen

Grundstücke
- *siehe* Sachenrecht

H

Handelsrecht
- Anlagefonds 32 N 1 ff.
  - Fondsleitung 32 N 4
  - Gerichtsstandsvereinbarung 32 N 5
  - Klagen der Anleger 32 N 1
  - Klagen des Vertreter der Anlegergemeinschaft 32 N 2
  - Regressansprüche 32 N 3
  - Verantwortlichkeitsklagen gegen die Fondsleitung 32 N 1
  - zwingender Gerichtsstand 32 N 5
- Anleihensobligationen S. 11, **31 N 1**
  - alternativer Gerichtsstand 31 N 1
  - freiwillige Gerichtsbarkeit 31 N 1
- Gesellschaftsrecht S. 10, 23 N 3, **29 N 1 ff.**
  - Einfache Gesellschaft 3 N 4
  - Fusionsgesetz 29 N 4
  - Kollektiv- und Kommanditgesellschaft S. 5, 3 N 5, 5 N 1
  - übrige Klagen S. 10, 29 N 3
  - Verantwortlichkeitsklagen S. 10, 5 N 2, **29 N 1 f.**
    - alternativer Gerichtsstand 29 N 1
    - Begriff 29 N 1
    - gegen die Fondsleitung 32 N 1
- Kraftloserklärung von Wertpapieren und Zahlungsverbot S. 10, **30 N 1 ff.**
  - freiwillige Gerichtsbarkeit 30 N 1
  - Kraftloserklärung der übrigen Wertpapieren 30 N 2

- Kraftloserklärung
  von Aktien 30 N 2
- Kraftloserklärung
  von Wechseln und
  Checks 30 N 3
- Zahlungsverbote aus
  Wechsel und Check
  30 N 3

Handlung, unerlaubte
- Adhäsionsklage S. 10,
  28 N 1
- Grundsatz S. 9, **25 N 1 ff.**
  - alternativer Gerichtsstand 25 N 1
  - ausservertragliche
    Rechtsverletzungen
    25 N 4
  - Begriff der unerlaubten Handlung
    S. 9, 25 N 2
  - Geschäftsführung
    ohne Auftrag 25 N 5
  - Handlungs- bzw.
    Erfolgsort S. 9,
    25 N 1, 7
  - Kausal- oder Gefährdungshaftung
    S. 9, 25 N 4
  - Ungerechtfertigte
    Bereicherung
    25 N 5
  - Unterlassungen
    25 N 3
- Immaterialgüterrecht
  S. 9, 25 N 4
- Kartellgesetz S. 9, 25 N 4
- Massenschäden S. 10,
  27 N 1 ff.
  - Begriff 27 N 1 f.
  - Erfolgsort 27 N 4
  - Handlungsort
    27 N 4
  - zwingender Gerichtsstand 27 N 3, 5
- Motorfahrzeug- und
  Fahrradunfälle S. 3, 10,
  26 N 1 ff.
  - alternativer Gerichtsstand 26 N 1
  - Erfolgsort 26 N 2
  - Nationale Versicherungsbüro (NBV)
    26 N 3
  - Nationaler Garantiefonds (NGF) 26 N 3
  - Unfallort 26 N 1
- Unlauterer Wettbewerb
  S. 9, 25 N 4

Heimatort
- *siehe* Gerichtsstand

I

Immaterialgüterrecht
- *siehe* Handlung, unerlaubte

Interventionsklagen S. 5, 8 N 1 ff.
- Regress 8 N 1, 3
- Streitverkündung 8 N 2
- Zweitprozess 8 N 2, 4

K

Kartellgesetz
- *siehe* Handlung, unerlaubte

Kindesschutz
- *siehe* Familienrecht

Kindesverhältnis
- *siehe* Familienrecht

Klagen
- betreibungsrechtliche mit Reflexwirkung auf das materielle Recht
  - *siehe* Schuldbetreibungs- und Konkursrecht, Klage
- dingliche betr. bewegliche Sachen S. 8, 20 N 1
- dingliche betr. Grundstücke S. 8, 19 N 1
- gegen die Gesellschaft 3 N 5
- gegen den Bund 3 N 7 f.
- gegen öffentlich-rechtliche Anstalten und Körperschaften des Bundes 3 N 7
- identische S. 11, **35 N 1 ff.**
  - Begriff 35 N 2
  - forum running 35 N 3
  - Litispendenz 35 N 4
  - Rechtshängigkeit 35 N 1, 3
- in Zusammenhang stehende S. 12, **36 N 1 ff.**
  - Aussetzung des Verfahrens 36 N 2
  - Begriff 36 N 4
  - Gerichtskosten 36 N 9
  - Leitentscheid S. 12, 36 N 5, 10
  - negative Kompetenzkonflikte S. 12, 36 N 6
  - Rechtshängigkeit 36 N 3
  - Überweisung 36 N 5, 7
  - Vereinigung der Verfahren S. 12, 36 N 6
- mehrere S. 11
- obligatorische S. 8, 19 N 5, 20 N 2
- realobligatorische S. 8, 19 N 4

- rein betreibungsrechtliche
  - *siehe* Schuldbetreibungs- und Konkursrecht, Klage

Klageanhebung S. 3, 32 N 4, 34 N 2

Klagenhäufung S. 5, **7 N 1 ff.**
- objektive 7 N 2
  - Konnexität 7 N 2
- subjektive 7 N 1
- Verfahrensart 7 N 3
- Zuständigkeit 7 N 4
- *siehe* auch Streitgenossenschaft

Kollektiv- und Kommanditgesellschaft
- *siehe* Handelsrecht, Gesellschaftsrecht

Kompetenzkonflikt, negativer S. 12, 36 N 6

Konkurs
- *siehe* Schuldbetreibungs- und Konkursrecht

Konsumentenvertrag
- *siehe* Vertragsrecht

Kraftloserklärung von Wertpapieren
- *siehe* Handelsrecht

L

Leitentscheid
- *siehe* Klagen, im Zusammenhang stehende

Litispendenz S. 12, 10 N 2, 35 N 4

Luftfahrt S. 4, 1 N 7

M

Massenschäden
- *siehe* Handlung, unerlaubte

Massnahmen, vorsorgliche S. 11, 15 N 7, 18 N 6, **33 N 1 ff.**
- alternativer Gerichtsstand 33 N 2
- Rechtshängigkeit 33 N 1
- sachliche Zuständigkeit 33 N 3
- vorsorgliche Beweisabnahme 33 N 4
- vorsorgliche Beweissicherung 33 N 4
- zwingender Gerichtsstand 33 N 2

Miete
- *siehe* Vertragsrecht

Motorfahrzeug- und Fahrradunfälle
- *siehe* Handlung, unerlaubte

N

Niederlassung S. 5, 9, 11, **5 N 1 ff.**
- Anleihensobligationen 31 N 1
- Arbeitsvermittlungsgesetz 24 N 5
- Begriff 5 N 1
- berufliche oder geschäftliche S. 9
  - Begriff 5 N 1
- Zweigniederlassung
  - AG 5 N 2
  - allgemein 5 N 1
  - Begriff 5 N 1

O

Ort der gelegenen Sache
- *siehe* Gerichtsstand

P

Pacht
- *siehe* Miete

Perpetuatio fori 3 N 9, 38 N 1

Personenrecht
- Persönlichkeitsschutz S. 6, **12 N 1 ff.**
  - Begehren auf Genugtuung 12 N 1
  - Begehren auf Gewinnherausgabe 12 N 1
  - Begehren auf Schadenersatz 12 N 1
  - Begehren um Gegendarstellung 12 N 1
  - Klagen auf Namensänderung 12 N 1
  - Klagen aus Persönlichkeitsverletzung 12 N 1
  - Klagen und Begehren nach DSG 12 N 1
  - Nichtstreitige Begehren 12 N 2
- Verschollenenerklärung S. 6, **13 N 1 ff.**
  - zwingender Gerichtsstand S. 6, 13 N 1
- Zivilstandsregister, Berichtigung S. 6, **14 N 1 f.**
  - Gericht am Registerort 14 N 1
  - nachträgliche Unrichtigkeit des Registers 14 N 2

Prorogation
- *siehe* Gerichtsstandsvereinbarung

Prozessvoraussetzung S. 11, 34 N 1, 35 N 4

R

Rechtshängigkeit S. 3, 11 f., 3 N 9, 6 N 4 f., 9 N 5, 16 N 3, 33 N 1, 3, 34 N 2, 35 N 1, 3, 36 N 3
Rechtsmittel 1 N 1, 8, 7 N 4, 36 N 8
- Bundesrecht 1 N 8, 6 N 4
- Endentscheid 1 N 8
- Zwischenentscheid 1 N 8

Referendum
- siehe Schlussbestimmungen

Registerort
- siehe Gerichtsstand

S

Sachenrecht
- bewegliche Sachen S. 8 f., **20 N 1 ff.**
    - alternativer Gerichtsstand 20 N 1
    - dingliche Klagen 20 N 1
    - obligatorische Ansprüche 20 N 2
- Grundstücke S. 8
    - dingliche Klagen 19 N 1
    - Klagen gegen die Stockwerkeigentümergemeinschaft 19 N 2 f.
    - mehrere Grundstücke 19 N 6
    - obligatorische Ansprüche 19 N 5
    - realobligatorische Ansprüche 19 N 4

Scheidungsrecht, neues
- siehe Familienrecht, Eherecht

Schiedsgerichtsbarkeit S. 4
Schlussabstimmung S. 3
Schlussbestimmungen S. 13, **38 N 1 ff.**
- Gerichtsstandsvereinbarung S. 13, 39 N 1
- Hängige Verfahren 38 N 1
    - perpetuatio fori 38 N 1
- Inkrafttreten 40 N 1
- Referendum 40 N 1

Schuldbetreibungs- und Konkursrecht S. 4, 1 N 6
- Admassierungsklage 1 N 6
- Anerkennungsklage 1 N 6
- Arrest 1 N 1
- Arrestprosequierungsklage 1 N 6

- Arrestschadenersatzklage 1 N 6
- Klage
  - auf Duldung der Rückschaffung von Retentionsgegenständen 1 N 6
  - betreibungsrechtliche mit Reflexwirkung auf das materielle Recht 1 N 6
  - rein betreibungsrechtliche 1 N 6
- Konkurseröffnungen 1 N 1
- Rechtsöffnungen 1 N 1
- Verantwortlichkeitsklage 1 N 6

Seeschifffahrt
- *siehe* Binnen- und Seeschifffahrt

Sitz S. 4, **3 N 1 ff.**
- Einfache Gesellschaft 3 N 4
- Juristische Person 3 N 6
- Kollektiv- und Kommanditgesellschaft 3 N 5
- öffentlich-rechtliche juristische Personen 3 N 7

Stockwerkeigentümer
- *siehe* Sachenrecht, Grundstücke

Strassenverkehr
- *siehe* Handlung, unerlaubte, Motorfahrzeug- und Fahrradunfälle

Streitgenossenschaft S. 5
- einfache S. 5, 7 N 1
- notwendige 7 N 1, 19 N 3
- *siehe* auch Klagenhäufung

Streitverkündung
- *siehe* Interventionsklagen

U

Überblick S. 3 f.
Unterhaltsbeiträge
- *siehe* Familienrecht

Unterhaltsstreitigkeiten
- *siehe* Familienrecht

Unzuständigkeitseinrede S. 11, 1 N 8, 9 N 3, 10 N 2, 34 N 1

V

Verantwortlichkeitsklagen
- *siehe* Handelsrecht, Gesellschaftsrecht

Verfahren,
- hängige
  - *siehe* Schlussbestimmungen
- Vereinigung S. 12, 36 N 6

Vernehmlassung S. 2
Verschollenenerklärung
- *siehe* Personenrecht

Versicherungsverträge
- *siehe* Vertragsrecht

Vertragsrecht
- Arbeitsrechtliche Streitigkeiten S. 8 f., **24 N 1 ff.**
  - Arbeitsort 24 N 4
  - Arbeitsvermittlungsgesetz S. 9, **24 N 5 ff.**
    - alternativer Gerichtsstand 24 N 5
    - Klage des Arbeitnehmers 24 N 5
    - Klage des Arbeitsvermittlers bzw. -verleihers 24 N 6
    - Streitigkeiten zwischen dem Arbeitsverleihers und dem Einsatzbetrieb 24 N 7
  - Begriff 24 N 1
  - Betriebsort 24 N 4
  - entsandter Arbeitnehmer 24 N 8
  - Entsendeort 24 N 8
  - Haushaltsort 24 N 4
  - teilzwingend 24 N 9
- Grundsatz
  - Einlassung 21 N 4, 23 N 4, 24 N 9
  - Erfüllungsort S. 1, 3, 21 N 1
  - Gerichtsstandsvereinbarung 21 N 3
  - teilzwingender Gerichtsstand 21 N 2 ff.
- Konsumentenvertrag S. 8 f., 21 N 2, **22 N 1 ff.**
  - alternativer Gerichtsstand 22 N 2
  - Definition 22 N 4
  - Klagen des Konsumenten 22 N 2
  - Klagen des Anbieters 22 N 3
  - Miete beweglicher Sachen 22 N 6, 23 N 1
  - Versicherungsverträge 22 N 5
- Miete und Pacht S. 8 f., 21 N 4, 6, **23 N 1 ff.**
  - Begriff 23 N 3
  - beweglicher Sachen 22 N 6, 23 N 1

- landwirtschaftliche Pacht 23 N 5
- teilzwingender Gerichtsstand 23 N 4
- unbeweglicher Sachen S. 8 f., 23 N 1 f.
- Versicherungsverträge
  - *siehe* Konsumentenvertrag

Verwandtenunterstützungspflicht
- *siehe* Familienrecht

Vollstreckung S. 2, 12, 1 N 1, 15 N 3, **37 N 1 ff.**
- keine Überprüfung der Zuständigkeit 37 N 1
- Verhältnis zum LugÜ 37 N 2
- vollstreckungsrechtliche Einreden 37 N 2
- Zuständigkeitseinrede 37 N 2

Vorbehalt S. 4, **1 N 5 ff.**
- Binnen- und Seeschifffahrt 1 N 7
- Kindesschutz 1 N 5
- Luftfahrt 1 N 7
- SchKG 1 N 6
- Vormundschaftsrecht 1 N 5

Vorentwurf S. 2

Vormundschaftsrecht
- *siehe* Familienrecht

W

Wahlgerichtsstand
- *siehe* Gerichtsstand, alternativer

Wettbewerb, unlauterer
- *siehe* Handlung, unerlaubte

Widerklage S. 5, **6 N 1 ff.**, 7 N 2 f., 10 N 3
- Begriff 6 N 1
- Gegenstandslosigkeit der Hauptklage 6 N 5
- Konnexität S. 5, 6 N 2, 4
  - Begriff 6 N 2
- Rechtshängigkeit 6 N 4 f.
- Rückzug der Hauptklage 6 N 5
- Streitwert 6 N 3
- Verfahrensart 6 N 4
- Voraussetzungen
  - nach Bundesrecht 6 N 4
  - nach kantonalem Recht 6 N 4

Wohnsitz S. 4, 3 N 1
- Begriff **3 N 2 ff.**
- Perpetuierung eines aufgegebenen Wohnsitzes 3 N 10

Z

Zivilsachen S. 1 f., 4,
1 N 1, 5
- Begriff 1 N 1
- gestützt auf kantonales
  Recht 1 N 2

Zivilstandsregister, Berichtigung
- *siehe* Personenrecht

Zivilrechtsstreitigkeiten, vermögensrechtliche und nicht vermögensrechtliche
1 N 1

Zuständigkeit
- internationale S. 1, 1 N 3
- in Zivilsachen 1 N 1
- örtliche S. 1 f., 4, 6,
  1 N 2, 4
    - als Prozessvoraussetzung S. 11,
      34 N 1 ff.
- funktionelle S. 4, 1 N 4
- sachliche S. 4, 1 N 4
- *siehe* auch Gerichtsstand

Zweigniederlsasung
- *siehe* Niederlassung

Zweitprozess
- *siehe* Interventionsklagen